elefante

Conselho editorial
Bianca Oliveira
João Peres
Tadeu Breda

Edição
Tadeu Breda

Revisão
Rodolfo Vianna
Laura Massunari

Direção de arte
Bianca Oliveira

Capa
Sidney Schunck

Diagramação
Daniela Miwa Taira

← paolo demuru

políticas do encanto

extrema direita e fantasias de conspiração

A Nath e Lina,
Unu mundu bellissimu pro bois

Agora que a teia está urdida,
cabe a vocês tecê-la,
pois tardio pode vir a ser
o arrependimento.
Se há vento,
é preciso debulhar.
— Francesco Ignazio Mannu,
Su patriota sardu a sos feudatários

Vi coisas na minha vida,
coisas que não sei explicar.
E hoje eu acredito
que não é sobre aquilo em que você crê,
é sobre o quão forte você crê.
— Indiana Jones, *Indiana Jones
e o Marcador do Destino*

10 prelúdio

11 entre realidade e fantasia
17 o populismo conspiratório
21 política (é) semiótica

24 primeiro ato
da magia do extremismo

25 encantar
43 transe
54 ódio

66 interlúdio

67 contra o suprematismo da razão

74 segundo ato
quebrar o feitiço

75 sensibilizar
89 inventar
107 reencantar-se

135 referências

141 sobre o autor

prelúdio

entre realidade e fantasia

Toda era tem seu paradoxo. O da nossa é oscilar entre dois choques: um choque de realidade e um choque de fantasia.

A pandemia de covid-19 nos colocou cara a cara com a nossa finitude. Lembrou-nos de quão frágeis e fugazes são nossas existências. Exasperou os abismos econômicos e sociais que dividem o mundo. Vimos os privilegiados se tornarem ainda mais privilegiados, e os desfavorecidos, ainda mais desfavorecidos. Perdemos vidas, trabalhos, saúde física e mental. Doenças erradicadas ressurgiram. Guerras, massacres e genocídios eclodem por todo lado, do Oriente Médio ao Leste Europeu, da Ásia à Amazônia. A fome voltou. O desmatamento segue mais violento do que nunca. As mudanças climáticas progridem. Geleiras derretem. Terremotos, enchentes e temperaturas elevadas assombram nossos dias e noites.

Entretanto, apesar de sua inelutável concretude, esses fatos foram e seguem sendo negados. A eles sobrepôs-se uma teia de narrativas fantásticas sobre a "verdadeira realidade" do mundo, à qual poucos eleitos teriam acesso. Fábulas conspiratórias de todo tipo rondaram o começo dos anos 2020: devaneios sobre a inexistência do novo coronavírus, os planos secretos da indústria farmacêutica, as vacinas como armas de controle em massa, a invenção das mudanças climáticas, os poderes ocultos que exercitam seu domínio sobre a população mundial. Na verdade, algumas dessas histórias haviam começado a circular antes da pandemia. Entre 2010 e 2020, vivenciou-se, no Ocidente, um *boom* do conspiracionismo. Dos dois lados do Atlântico, difundiram-se lendas sobre a substituição dos povos brancos por outros de origem africana e do Oriente Médio; as seitas de pedófilos satanistas que controlam os aparatos profundos dos Estados nacionais; a nova ordem mundial; o terraplanismo; o complô judaico, comunista, marxista, globalista, ou todos eles juntos.

A disseminação se deu com uma velocidade jamais vista. Penetração e rapidez que se devem, sobretudo, às mídias sociais, principais fábricas e repositórios dessas teorias — ou melhor, fantasias, conforme o termo adotado neste livro, cuja escolha explicarei adiante. Quem mais divulgou e se aproveitou desse universo ficcional foram grupos, movimentos, partidos e líderes populistas de extrema direita, como Donald Trump e Jair Bolsonaro, pioneiros e especialistas da comunicação em rede. Com eles, o conspiracionismo chegou ao poder.

Aliás, pode-se dizer que o discurso político que mais se impôs no começo do século XXI é justamente aquele do "populismo conspiratório" de extrema direita. Um discurso no qual a luta do "povo" contra as "elites", motivo central de toda narrativa populista, se alimenta da força imaginativa das fantasias de conspiração. Mais do que isso: temperando o populismo de extrema direita com suas tramas fabulosas, as fantasias de conspiração mantêm vivo o engajamento de seus adeptos. O envolvimento nas histórias do populismo conspiratório de extrema direita chega a ser tão forte que elas não raro ultrapassam os confins do mundo das ideias e repercutem concretamente na realidade, impactando-a de modo violento. Casos emblemáticos são a invasão do Capitólio de Washington, promovida em 6 de janeiro de 2021 por movimentos extremistas pró-Trump, e, no Brasil, os feitos de 8 de janeiro de 2023, quando golpistas seguidores de Bolsonaro adentraram os palácios da República na tentativa de derrubar o presidente Luiz Inácio Lula da Silva, eleito em 2022. Em ambas as ocasiões, massas de homens e mulheres convictos de que a votação havia sido fraudada e de que seria preciso intervir para barrar a chegada de comunistas, satanistas e outras figuras maléficas ao poder jogaram-se de corpo e alma, em estado de transe, contra os palácios das instituições do Estado Democrático de Direito.

Trata-se de um ponto central: o populismo conspiratório de extrema direita seduz menos pelos seus argumentos e mais pelo fascínio que provoca; cativa por ser um discurso maravilhoso, extasiante, extraordinário: uma verdadeira "magia política".

Não por acaso, cientes do papel do encanto na vida pública e privada das pessoas, os extremistas de direita apropriaram-se das formas e dos formatos da imaginação humana: livros, filmes, séries, histórias em quadrinhos, memes, videogames, jogos e esportes. Saquearam suas linguagens, usurparam seus roteiros, surfaram sua retórica. Um exemplo é a célebre cena do filme *Matrix* em que o personagem Neo (Keanu Reeves) toma a "pílula vermelha" (*redpill*) para descobrir "A Verdade". Outros são Batman, Thor e seu martelo ou, no Brasil, a camisa da Seleção. Em suma: o extremismo de nossa era tornou-se encantador, e os encantos de nossa era tornaram-se extremistas.

Não há nada de ingênuo, inocente ou aleatório nesse processo. Pelo contrário, estamos diante de um projeto de colonização do imaginário para precisos fins ideológicos e políticos, no qual as plataformas digitais exercem um papel de primeiro plano. Basta lembrar o caso da Cambridge Analytica, empresa de análise de dados que, a partir de informações de usuários do Facebook vendidas pela firma de Mark Zuckerberg, construiu em 2016 campanhas de comunicação baseadas em perfis pessoais para manipular eleitores dos Estados Unidos e do Reino Unido e levá-los a votar, respectivamente, em Trump (em novembro) e a favor do Brexit — a saída do país da União Europeia (em junho).

A vitória de Joe Biden contra Trump nas eleições estadunidenses de 2020 e a de Lula sobre Bolsonaro no pleito brasileiro de 2022 pareciam ter posto um freio à ascensão da extrema direita global. Responsáveis pelos atentados golpistas ao Capitólio de

Washington e aos palácios da Praça dos Três Poderes de Brasília foram presos, outros estão sendo processados. Na União Europeia entrou em vigor, no segundo semestre de 2022, o Digital Service Act (DSA), uma lei destinada à regulamentação das redes, através da qual se pretende conter o desvio extremista nas democracias do continente, intimamente vinculada à lógica algorítmica das mídias sociais.

No entanto, líderes, partidos, movimentos reacionários, antidemocráticos, xenófobos e misóginos continuam avançando na Europa e nas Américas. Em novembro de 2023, Javier Milei, ultraliberal, anarcocapitalista, contrário à legalização do aborto e defensor do livre porte de armas, ganhou as eleições argentinas, abrindo dez pontos de vantagem sobre seu adversário, o ex-ministro da Economia Sergio Massa. Nos Estados Unidos, o próprio Trump é apontado como o possível vencedor das eleições de 2024, ainda mais depois do papel desempenhado por Biden no mais recente episódio da questão palestina. Na Itália, o partido ultranacionalista Fratelli d'Italia, herdeiro do partido pós-fascista Movimento Sociale Italiano, conseguiu eleger sua presidente, Giorgia Meloni, ao cargo de chefe de governo no pleito de 2022. Em Portugal, o Chega, liderado por André Ventura, tornou-se, em março de 2024, a terceira maior força do país. E a lista poderia continuar.

No Brasil, uma pesquisa do instituto Inteligência em Pesquisa e Consultoria Estratégica (Ipec), realizada entre 2 e 6 de março de 2023, poucos meses após as eleições de 2022, apontou que 44% dos brasileiros acreditavam que, com Lula no governo, o Brasil correria "o risco de virar um país comunista". Destes, 31% tinham plena certeza de que isso ia acontecer.[1] O Projeto de Lei 2.630, de 2020, redigido com fins similares àqueles do Digital Service Act europeu, sofreu violentos ataques por parte das Big

---

[1] "44% dos brasileiros veem ameaça comunista com Lula, diz Ipec", *Poder 360*, 19 mar. 2023.

Tech (Google e Meta, em particular) e continua, até o momento em que escrevo, engavetado. Em abril de 2024, o Comitê de Assuntos Jurídicos da Câmera dos Estados Unidos divulgou um relatório no qual se afirma que existiria, no Brasil, um plano de supressão da liberdade de expressão promovido pelo Supremo Tribunal Federal (STF). A comissão foi presidida pelo deputado Jim Jordan, apoiador de Trump e expoente da ala mais radical do Partido Republicano. O relatório veio à tona alguns dias após Elon Musk, dono do X (ex-Twitter, empresa que o bilionário comprou alegando querer defender esse direito supostamente ameaçado), atacar publicamente o ministro Alexandre de Moraes, acusando-o de ser um censor e um ditador. Tanto as denúncias do comitê legislativo estadunidense quanto as de Musk encontrariam fundamento nos assim chamados Twitter Files, arquivos de e-mails divulgados por jornalistas ao próprio Musk, os quais revelariam como o X teria cedido às pressões do STF — e de Moraes, em particular — para derrubar injustamente contas e conteúdos da plataforma. Sucessivamente, o mesmo comitê votou para banir o Tik Tok dos Estados Unidos caso o controle do conteúdo veiculado por essa plataforma chinesa não passe pelo crivo de um órgão estadunidense. Enquanto isso, na superfície e nos submundos das redes, sob a bandeira da luta pela liberdade de expressão e outras pautas aparentemente antissistema, a extrema direita continua radicalizando jovens e adultos, seduzindo-os com suas narrativas encantadoras: discursos que não apenas oferecem respostas simples e concretas a seus problemas, saídas aparentemente fáceis contra a crueza e a ferocidade do mundo capitalista, mas também uma boa dose de êxtase e desejo para enfrentar a inércia e os desencantos do cotidiano.

Como quebrar esse feitiço? Eis a pergunta a que este ensaio busca responder. Entretanto, antes de fazê-lo, é preciso entender como funcionam os encantos do populismo conspiratório de extrema direita. É disso que me ocupo no Primeiro Ato do livro ("Da magia do extremismo"). Em seguida, no Interlúdio ("Contra o suprematismo da razão"), abordo criticamente as técnicas de combate às teorias da conspiração e à desinformação de extrema direita, baseadas, em grande medida, em apresentação de dados, checagem de fatos e argumentos lógicos. Por fim, no Segundo Ato ("Quebrar o feitiço"), faço algumas propostas concretas para mudarmos os rumos dessa batalha.

Uma pequena antecipação do que vem por aí: não adianta enfrentar os encantos do extremismo de direita apenas com fatos, dados e raciocínios; se queremos mudar a realidade, precisamos mudar os trilhos da imaginação social, reconquistar a fantasia, inventar e semear histórias, outras histórias. A luta da vez é a luta pela maravilha.

o populismo conspiratório

Chamo de "populismo conspiratório" a conexão entre os discursos populistas e as teorias conspiratórias que povoam o começo do novo milênio. Ambos caminham lado a lado. O populismo divide a sociedade em dois grupos contrapostos: o "povo puro" e as "elites corruptas". Da mesma maneira age o conspiracionismo, segundo o qual existem dois conjuntos de pessoas: os "conspiradores" (as elites) e as "vítimas da conspiração" (o povo) (Bergmann & Butter, 2020; Cesarino, 2022a).

Nas primeiras duas décadas do século XXI, essa postura político-ideológica tem sido adotada principalmente pelo campo da "ultradireita" (*far-right*), para usarmos a definição de Cas Mudde (2019), um de seus principais estudiosos. De acordo com o autor, a ultradireita engloba movimentos, líderes, partidos e pautas da "extrema direita" e da "direita radical", bem como subculturas como a *alt-right* [direita alternativa] estadunidense. Para Mudde, o termo "extrema direita" designa posições que rejeitam explicitamente a democracia liberal, como o nazismo alemão, o fascismo italiano e as ditaduras militares sul-americanas. A "direita radical" aparenta aceitar os princípios da democracia liberal, mas se coloca abertamente contra alguns de seus pilares, como, por exemplo, os direitos das minorias, a separação entre poderes, o papel das instituições judiciárias.

A *alt-right*, surgida nos Estados Unidos como um fenômeno predominantemente on-line, compreende "um conjunto de ideologias de ultradireita, grupos e indivíduos cuja crença central é que a 'identidade branca' está sob ataque por forças multiculturais que se servem do politicamente correto e da justiça social para ameaçar os brancos e sua civilização".[2] Enquanto forma e experiência política prevalentemente digital, a *alt-right* diz também respeito a uma questão de estilo, pois sua identidade é associada ao uso da linguagem e das práticas discursivas das redes sociais, como o meme, a provocação, a trolagem, o ultraje, o escárnio, a derrisão.

Como sempre, no mundo real, as coisas se misturam: há traços de extrema direita na direita radical e vice-versa. Por outro lado, os temas e as estratégias discursivas da *alt-right* perpassam constantemente os dois campos. Donald Trump, Steve Bannon e os Proud Boys nos Estados Unidos, Javier Milei na Argentina, Viktor Orbán e Katalin Novák na Hungria, Jair Bolsonaro no Brasil, Giorgia Meloni e Matteo Salvini na Itália, o Rassemblement National [até 2018, Front National] de Marine Le Pen na França, José Antonio Kast no Chile, Narendra Modi na Índia, o Vox na Espanha, Chega em Portugal, o Alternative für Deutschland (AfD) na Alemanha, entre outros, são líderes, movimentos e partidos que apresentam traços de cada uma das "direitas" acima descritas (Mudde, 2019).[3]

Por isso, prefiro utilizar, para me referir a esses e outros atores do mesmo espectro político-ideológico, os termos "extrema direita" e "extremismo de direita". Mas há também outra razão que justifica essa escolha: o adjetivo "extrema" e o substantivo "extremismo" são palavras comuns e abrangentes, bastante

---

2 "Alt-right", Southern Poverty Law Center. Disponível em: https://www.splcenter.org/fighting-hate/extremist-files/ideology/alt-right.

3 Para uma visão panorâmica da relação entre populismo e extrema direita no Brasil, ver Solano e Rocha (2019), Miguel (2021), Albuquerque (2021), Roxo e Santos (2020) e Cepeda (2018). Sobre as relações entre *alt-right* e extrema direita brasileira, ver Casarões e Farias (2021), Khalil (2018), Cesarino (2022a), Lynch e Cassimiro (2022) e Nunes (2022).

difundidas e utilizadas na esfera do debate público — palavras que, embora menos sutis e refinadas que outras, a maioria das pessoas entende e associa, logo, com o que elas devem ser associadas: práticas e discursos radicais e radicalizantes, que promovem, no caso da extrema direita global, posições aberta e violentamente antidemocráticas, inclusive políticas de segregação e extermínio de seres humanos.

Bem entendido: o conspiracionismo não é monopólio das direitas. Existiram e continuam existindo, ao redor do mundo, movimentos e militantes de esquerda que abraçaram e seguem abraçando teorias da conspiração. Um exemplo é a história segundo a qual a facada recebida por Bolsonaro em Juiz de Fora (MG) na campanha eleitoral de 2018 teria sido forjada.[4] Outro são as narrativas sobre os ataques ao World Trade Center, em Nova York, em 11 de setembro de 2001, como um plano de autossabotagem (*inside job*) do governo estadunidense. Outro, ainda, são as suspeitas segundo as quais grupos terroristas como Estado Islâmico e Al Qaeda foram criados do zero pelos Estados Unidos — é claro que Washington contribuiu, com suas intervenções no Oriente Médio, com o crescimento do terrorismo islâmico, isso é um fato amplamente documentado, mas acreditar, a partir disso, que o governo estadunidense criou tais organizações em laboratório para realizar seus planos totalitários de domínio global é um salto ao mais puro conspiracionismo, ao extremismo sem distinções político-ideológicas, àquela área cinzenta onde extrema direita e extrema esquerda se confundem. Entender, como se propõe a fazer este livro, o funcionamento do discurso de extrema direita pode servir também a enxergar essas sobreposições, a se precaver contra qualquer populismo conspiratório, não importa de onde ele soprar. Mais do que isso, pode ser útil para identificar falsas equivalências que colocam no mesmo plano sujeitos realmente extremistas e outros que

---

4 "Bolsonaro e Adélio: uma fakeada no coração do Brasil", *TV 247*, YouTube.

extremistas não são,[5] e para nos orientarmos melhor na selva de sentidos, definições, epítetos e etiquetas que caracteriza — e molda — o campo político contemporâneo.

---

5 É o caso do editorial "Uma escolha muito difícil", publicado pelo jornal *O Estado de S. Paulo* em 8 de outubro de 2018, às vésperas do segundo turno entre Fernando Haddad, do PT, e Jair Bolsonaro, então candidato pelo PSL, que dizia: "O eleitor, que sempre privilegiou a moderação, a despeito do calor das campanhas, *optou pelos extremos*, denotando seu fastio com a política tradicional".

política (é) semiótica

Entre tantas outras coisas, este é um livro de semiótica.[6] Ou melhor, que usa a semiótica como lente para entender como age e se articula o discurso político das primeiras décadas do século XXI. Seu escopo é duplo: por um lado, visa compreender as estratégias de comunicação dos líderes e dos movimentos de extrema direita do nosso tempo; por outro, serve-se da semiótica para imaginar formas de enfrentá-las.

As páginas que seguem fogem dos limites da escrita acadêmica, normalmente observados em artigos e congressos. Não há, nelas, qualquer definição protocolar de conceitos semióticos, nenhuma revisão filológica da obra dos estudiosos do campo, nenhuma explicação formal de seus modelos. O leitor alheio ao léxico específico da semiótica pode ficar tranquilo: o que ele tem diante dos olhos é um texto redigido para um público amplo, não necessariamente especialista no assunto. No entanto, este livro só existe porque há, por trás dele, um pensamento semió-

---

6 A semiótica não é uma, as semióticas são muitas. Entre elas há afinidades e divergências que não cabe aqui explicar. A semiótica que eu pratico parte das bases teóricas, epistemológicas e metodológicas da semiótica da escola de Paris, fundada por Algirdas Julien Greimas, e dialoga com a semiótica interpretativa de Umberto Eco e a semiótica da cultura de Jurij M. Lotman, assim como com muitas outras disciplinas e autores do campo das ciências humanas e sociais preocupados com o problema da construção social do sentido. Este livro é resultado dessa trama de relações intelectuais.

tico. Embora utilize a semiótica de forma muitas vezes velada, tudo nele é fruto do olhar semiótico, pois, antes de ser uma disciplina com um arcabouço de noções, princípios e fundamentos científicos, a semiótica é uma maneira de pensar, um modo analiticamente poderoso e socialmente transformador de observar e vivenciar o mundo.

Enquanto disciplina que estuda a linguagem e a comunicação humana, o objeto da semiótica é o sentido. Sua tarefa é jogar luz sobre os mecanismos através dos quais todos nós produzimos e interpretamos sentidos. Para isso, ela desenvolveu uma teoria e um método que permitem compreender como o sentido — seja aquele de uma mensagem de WhatsApp, de uma receita de cozinha, de um discurso presidencial, de uma teoria da conspiração, de um filme, de um quadro, de uma música, de uma peça de teatro, de uma dança, de uma missa, de uma manifestação política e muitas outras coisas — é construído e apreendido pelas pessoas. "Porque estamos no mundo, estamos condenados ao sentido", dizia o filósofo Maurice Merleau-Ponty (1999, p. 18). Pode-se ir além: porque estamos no mundo, "estamos condenados a construir o sentido", como diz o semioticista Eric Landowski (2014, p. 15).

Tanto a produção de sentido, que se dá, por exemplo, quando escrevemos um post no Instagram, quanto a interpretação de sentidos produzidos por outros são atos de criação de sentido. A interpretação de sentido pode ser, inclusive, mais criativa que a sua produção. É o que acontece com as teorias da conspiração, cuja leitura do mundo baseia-se em imaginações dignas de roteiristas hollywoodianos.

Todo sentido é produzido, emerge e se torna perceptível a partir de uma ou mais linguagens que o manifestam: a linguagem verbal, sonora, visual, audiovisual, teatral, pictórica, fotográfica, urbanística, arquitetônica, a linguagem do corpo, com suas pulsões, emoções e afetos (Oliveira & Teixeira, 2009). Aliás, a dimensão sensível e passional das linguagens e dos processos de comunicação é decisiva para entendermos os populismos conspiratórios de extrema direita do século XXI.[7]

O sentido nunca é dado. O sentido é sempre o resultado de uma construção histórica, cultural, social, política, econômica. O sentido nunca é fixo. O sentido é dinâmico: muda, evolve, vai para frente, volta atrás. O sentido é um campo de disputa. Toda luta sobre o sentido é uma luta política. Toda luta política é uma luta sobre o sentido. O sentido surge da relação e da interação entre as coisas e as pessoas deste mundo. Antes da relação e da interação entre as coisas e as pessoas deste mundo, não há sentido.

A semiótica estuda como certos sentidos tornam-se verdadeiros, ainda que sejam falsos. Para a semiótica, a verdade é um problema de eficácia discursiva (Greimas, 2014). A pergunta que ela se coloca não é "por que essa notícia é falsa?", mas "de que modo essa notícia, embora falsa, consegue se passar por verdadeira?". Nesse sentido, conforme uma célebre definição de Umberto Eco (1980), a semiótica é aquela disciplina que estuda tudo aquilo que pode ser utilizado para mentir.

Para a semiótica, o sentido é uma questão narrativa. Todo texto, mesmo aquele aparentemente mais técnico e objetivo, como uma bula de remédio, carrega uma história. Enquanto teoria do sentido, a semiótica aborda as formas de construir e contar histórias. Porque somos humanos, somos também, e quiçá sobretudo, as histórias que contamos. Tudo que é humano tem uma história. Este livro tem também a sua.

---

7 Para uma abordagem semiótica do populismo, ver Landowski (2020), Barreneche (2023), Sedda e Demuru (2018).

primeiro

ato

da magia do extremismo

encantar

O sucesso dos populismos conspiratórios de extrema direita do século XXI só pode ser entendido se atribuirmos a devida importância à dimensão mágica de seu discurso. O que isso significa? Do que estamos falando quando falamos em "magia"? E como se articula exatamente essa dimensão?

Tomemos algumas das teorias da conspiração que mais circularam, nos últimos anos, no campo extremista de direita.

Surgida na plataforma 4chan no fim de 2017, o QAnon defende que uma seita de pedófilos satanistas, da qual fariam parte, entre outros, Hillary Clinton, Barack Obama, George Soros, Tom Hanks e Celine Dion, decide secretamente os destinos dos Estados Unidos e do planeta. Junto ao *deep state* [Estado profundo] que rege os aparatos político-burocráticos da república estadunidense, essas pessoas estariam preparando seu golpe derradeiro contra a humanidade. Conforme profetizado por Q, o usuário anônimo do 4chan que deu início ao QAnon, o ex-presidente dos Estados Unidos, Donald Trump, teria sido eleito, em 2016, para combatê-las.

The Great Replacement [A grande substituição] alega que poderes ocultos estariam implementando a troca de europeus e estadunidenses brancos por parte de povos oriundos da África e do Oriente Médio.

Tema recorrente nos circuitos da *alt-right* estadunidense e da extrema direita brasileira, o Globalismo é descrito como um projeto que pretende "destruir a nação para favorecer os interesses políticos de uma elite transnacional ou pós-nacional, para acorrentar o pensamento humano e privar o homem da liberdade e do senso de propósito".[8]

A Nova Ordem Mundial, citada por Jair Bolsonaro em um texto divulgado no WhatsApp nos primeiros dias da invasão da Ucrânia pela Rússia,[9] segue a mesma linha de raciocínio: segundo ela, existiria uma rede de elites político-econômicas que planeja uma ditadura planetária.

Há também o "marxismo cultural", cavalo de batalha de Javier Milei nas eleições argentinas de 2023, de acordo com o qual intelectuais de esquerda estariam subvertendo os valores tradicionais do Ocidente cristão para promover o liberalismo, o multiculturalismo, os maus costumes e a "ideologia de gênero".

Não podemos esquecer, por fim, das teorias antivacinas, em particular aquelas sobre os imunizantes desenvolvidos para fazer frente à covid-19; sobre o "vírus chinês" e a "plandemia" (*Plandemic*, em inglês), que defendem que a pandemia do novo coronavírus eclodida em Wuhan no fim de 2019 teria sido planejada pelo governo chinês (daqui o termo "plan-demia", em referência a "plano" — *plan*, em inglês); sobre as fraudes eleitorais, tão caras a figuras como Trump e Bolsonaro, que sustentaram os ataques ao Capitólio e à Praça dos Três Poderes, e caras também a Milei; sobre Pallywood, amálgama de "Palestina" e "Hollywood", segundo as quais a Faixa de Gaza seria um set cinematográfico a céu aberto, onde os palestinos estariam encenando um falso genocídio para conquistar as simpatias da opinião pública internacional.[10]

---

8 X: @filgmartin, 30 dez. 2018.

9 "Uma mensagem olavista-delirante que Bolsonaro repassou em seu grupo de zap", *O Globo*, 3 de mar. 2022.

10 "No, Palestinian are not faking the devastation in Gaza", *Rolling Stone*, 3 nov. 2023.

Mais que teorias, essas histórias são verdadeiras fantasias, contos maravilhosos, magias, feitiços que encantam de maneiras múltiplas e diversas, mobilizando diferentes aspectos da experiência humana e da vida em sociedade. Antes de tudo, elas encantam porque produzem o que o semioticista italiano Umberto Eco (2015, p. 177) chamava de "excesso de deslumbramento". Toda narrativa conspiratória, dizia Eco, funda-se na suposta existência de um segredo — um segredo que irá proporcionar, a quem conseguir desvendá-lo, deslumbre e prazer.

Os seguidores do QAnon que "descobriram" que havia um projeto de domínio global traçado por uma seita de satanistas pedófilos foram tomados por um excesso de deslumbramento. Toda vez que encontravam "provas" que pareciam confirmar suas hipóteses, a maravilha aumentava. A cada post de Q sobre a suposta tempestade (*the storm*) que Trump estaria preparando para varrer os inimigos da nação, desencadeava-se uma acalorada busca ao indício, ao sinal que pudesse comprovar a teoria, alimentando, assim, o júbilo dos envolvidos. Quem pensa e age com base na mentalidade conspiracionista tende a "superinterpretar" tudo aquilo com que se depara (Eco, 2012). Para o conspiracionista raiz, um cachimbo não é, nunca, apenas um cachimbo; tudo pode significar muito mais do que aparenta significar. Não há, para ele, a possibilidade de leituras forçadas. O mundo pode ser sempre dobrado às suas exigências narrativas, para que tudo, de uma forma ou de outra, se encaixe em sua história; para que tudo, de uma forma ou de outra, a confirme.

Em um dado momento, os qanons, como são chamados os seguidores de QAnon, perceberam que a letra Q era a décima sétima do alfabeto inglês. A partir dessa descoberta, começaram a reparar que havia uma presença "redundante" do número 17 nas falas e nos tuítes de Trump. Não podia se tratar de uma coincidência. Pelo contrário, o retorno constante do 17 era um "signo", uma peça de um código secreto através do qual o então presidente dos Estados Unidos estava se comunicando com seus seguidores.

Algo parecido aconteceu com as teorias da conspiração sobre a "plandemia", que traçavam uma correspondência entre o "fato" — logo desmentido — de Wuhan ter sido a primeira cidade no mundo inteiramente coberta pela rede de telefonia 5G e o surgimento do Sars-CoV-2 em seu mercado de peixes. Segundo os conspiracionistas, isso confirmava a hipótese de que a pandemia de covid-19 era parte de um plano oculto de domínio, como a própria alcunha "plandemia" visava evidenciar.

Bolsonaro usa do mesmo expediente. Desde que foi eleito, em outubro de 2018, até os dias que se seguiram aos atentados de 8 de janeiro 2023, o ex-presidente do Brasil disse ter indícios de que ambas as eleições que disputou haviam sido fraudadas, inclusive a primeira — porque, segundo suas ilações, ele teria ganhado no primeiro turno. No entanto, nunca apresentou provas que sustentassem essa versão. Em 29 de julho de 2021, em uma *live* nas redes sociais, alegou: "Não tem como se comprovar que as eleições não foram ou foram fraudadas. São indícios. Crime se desvenda com vários indícios. [...] As provas você consegue com a somatória de indícios. Apresentamos um montão de indícios aqui".[11] Em fevereiro de 2022, o então presidente retomava os ataques, declarando que o sistema eleitoral brasileiro não seria imparcial: "Não quero entrar em detalhes, mas temos um sistema eleitoral que não é de confiança de todos nós ainda".[12] Em 10 de janeiro de 2023, já fora do governo (e do país, pois viajara aos Estados Unidos faltando dois dias para o fim de seu mandato), posta — e, em seguida, apaga — um vídeo em que o procurador Felipe Gimenez, do Mato Grosso do Sul,

---

11 "Com profusão de mentiras, Bolsonaro faz o maior ataque ao sistema de voto", *Folha de S. Paulo*, 29 jul. 2021.
12 "Bolsonaro interrompe trégua e retoma ataques ao sistema eleitoral", *Folha de S. Paulo*, 12 fev. 2022.

questiona o resultado eleitoral de 2022. Conforme afirma Gimenez, "Lula não foi eleito pelo povo brasileiro. Lula foi escolhido pelo serviço eleitoral, pelos ministros do STF [Supremo Tribunal Federal] e pelos ministros de Tribunal Superior Eleitoral [TSE]. Porque, se fosse uma escolha do povo, haveria poder do povo sobre essa escolha, poder do povo sobre o processo de apuração dos votos".[13]

Nas redes e nos grupos de WhatsApp e Telegram de extrema direita, a caça aos indícios que revelariam os planos do establishment político e econômico do país é passatempo cotidiano: vídeos de procedimentos que mostram como fraudar urnas eletrônicas; imagens de mesários que inserem votos nas máquinas; falas de doutores e especialistas que explicam como os números podem ser manipulados, como no caso da *live* do canal de YouTube argentino *La Derecha Diário*, transmitida em 11 de dezembro de 2022. Nela, o apresentador Fernando Cerimedo, estrategista digital de Javier Milei, insinua que cinco modelos de urnas eletrônicas não teriam sido submetidos a testes de segurança, exatamente aqueles que registraram mais votos para Lula.[14] Tudo, não é preciso dizer, falso.

Nada é como parece. Nada acontece por acaso. Tudo está conectado. São esses os três pilares que definem o populismo conspiratório e as "teorias" que ele produz (Butter, 2020).

Para que o encanto e a maravilha conspiracionista continuem eficazes, a busca dos indícios não pode, nunca, parar. O conspiracionismo que alimenta o extremismo de direita é uma infinita caça ao tesouro. Por isso, os segredos nos quais ele se funda são sempre vagos e vazios, fáceis de serem preenchidos e manipulados para se ajustar às situações e aos contextos mais diversos.

---

13 "Bolsonaro posta e apaga vídeo com fake news questionando eleição de Lula", *UOL*, 11 jan. 2023.
14 "Live que distorce informações sobre urnas é assistida por 415 mil pessoas", *UOL*, 4 nov. 2022.

Qual é o verdadeiro plano das elites para dominar o mundo? Quem faz parte dessas elites? Como os Trump, Milei e Bolsonaro de nossa era os enfrentam? Depende. A história pode ser uma hoje e outra amanhã. E, se a realidade não se encaixa na história, muda-se a história.

Quando a profecia sobre o plano de Trump para libertar o governo dos Estados Unidos da seita de pedófilos satanistas não se realizou, a história mudou. O QAnon encontrou outras tramas para levar sua narrativa adiante: o surgimento de novos inimigos, intervenções divinas, blefes e despistagens estratégicas. Tudo isso, e muito mais, foi apontado como a possível causa da demora do ex-presidente em colocar um ponto final na guerra contra o *deep state*. E, claro, tudo teria sido previamente calculado. "*Trust the plan*", repetiam os seguidores do QAnon. Confie no plano. Sempre.

Quando Sergio Moro, o juiz federal de primeira instância que condenou Lula a nove anos e seis meses de prisão no âmbito da Operação Lava Jato, deixou o governo Bolsonaro, os bolsonaristas reescreveram sua história. De herói do povo brasileiro, o ex-ministro da Justiça passou imediatamente a integrar a lista de opositores que sempre urdiram contra o ex-presidente, sendo tachado, entre outras coisas, de "comunista". No segundo turno das eleições de 2022, ao declarar apoio a Bolsonaro contra Lula, Moro voltou a ser visto como aliado.[15]

Quando, em 30 de outubro de 2022, Lula ganhou as eleições presidenciais, rasgando as certezas dos bolsonaristas que acreditavam na vitória de seu líder, uma série de novas profecias brotou dos porões do WhatsApp: se bloqueassem por 72 horas as rodovias do Brasil, Bolsonaro voltaria ao poder com o apoio das Forças Armadas. Não deu certo, e então a história

---

15 "Salles diz que Moro é um 'comunista' a favor de drogas e contra armas", *Poder 360*, 24 nov. 2021; "Por 2º turno, Bolsonaro diz aceitar apoio de Moro: 'apaga-se o passado'", *UOL*, 4 out. 2022.

mudou. Se acampassem na frente dos quartéis pedindo intervenção militar, Lula não assumiria a presidência da República. Não deu certo, e a história mudou novamente. E assim por diante, até que a frustração causada pelas profecias falhas desembocou nas depredações de 8 de janeiro de 2023.

Trata-se, segundo a leitura de João Cezar de Castro Rocha, de um caso de "dissonância cognitiva coletiva" (Rocha, 2023). Criado pelo psicólogo social estadunidense Leon Festinger, o conceito de "dissonância cognitiva" busca dar conta da incoerência entre as crenças e os comportamentos de um dado indivíduo, assim como das estratégias que ele usa para enfrentá-la (Festinger, 1957). Um exemplo é aquele do tabagista que sabe que fumar faz mal à saúde, mas que, apesar disso, continua fumando. Conforme aponta Festinger, uma maneira de reduzir essa dissonância é passar a acreditar em fontes que negam ou amenizam o fato de que o tabaco é nocivo para o corpo humano. É isso que fazem, coletivamente, aquelas e aqueles que habitam as bolhas desinformativas de extrema direita: lidam com sua dissonância cognitiva mudando as histórias (verdadeiras) contadas por jornais, instituições e cientistas confiáveis ou até mesmo aquelas (falsas) que eles contam para si mesmos.

"E conhecereis a verdade, e a verdade vos libertará". É o salmo (João 8: 32) que Bolsonaro costuma citar em seus discursos. Mas qual seria essa "verdade"? Nenhuma em particular. A verdade, segundo Bolsonaro, pode ser qualquer coisa (ou coisa nenhuma). "O ser se diz de muitos modos", afirmava Aristóteles (1998). A verdade do populismo conspiratório também.

Para o conspirador de extrema direita, nada é dado, tudo é possível. O passado pode ser tão aberto e imprevisível quanto o futuro. Apesar de ser apresentada como um valor supremo, a verdade é um caleidoscópio de possibilidades narrativas. Tudo pode significar tudo, e tudo pode ser mudado de acordo com as movimentações do tabuleiro político. Tudo pode ser desmentido, inclusive as palavras pronunciadas no dia anterior — como costuma fazer Bolsonaro, que se contradiz repetidamente, assumindo posicionamentos opostos. Quantas vezes, não obstante os vídeos que mostram o contrário, o ex-presidente disse que nunca chamou a covid-19 de "gripezinha"? É católico ou evangélico, palmeirense ou flamenguista? De acordo com sua estratégia de comunicação, todas as opções são igualmente possíveis e, claro, politicamente capitalizáveis.

A linguagem ambígua de Carlos Bolsonaro, filho do ex-presidente encarregado de suas redes sociais, funda-se na mesma estratégia discursiva.[16] Veja-se, por exemplo, a seguinte declaração: "O conluio dos que são contra a maneira diferente de governar e usam mascaradamente um discurso bonito começa a eclodir. Tudo para volta dos que possibilitem seus interesses... Vão somando e notem que alguns chegam a ser surpreendentes! O sistema irá até aonde muitos não imaginam!".[17] Mas a quem Carlos Bolsonaro se refere? De que "conluio" está falando? E o que é o "sistema"? A força de afirmações como essa depende exatamente de seu extenso horizonte interpretativo: o destinatário pode preencher aquelas palavras vagas — "eles", "conluio", "sistema" — como bem quiser.[18]

Eis o paradoxo fundacional do discurso conspiracionista: a verdade que ele diz revelar há de se manter sempre, em algum grau, um mistério. Seus segredos não podem ser desvendados por inteiro. Caso contrário, a maravilha acaba. Por isso, mesmo quando as suas predições não se realizam, as teorias da conspiração seguem em frente, às vezes mais vivas do que nunca. O segredo vazio que as sustenta é preenchido com novos ingredientes narrativos, com outros enredos que reanimam a história.

---

16 "Uma análise do estilo confuso e particular dos tweets de Carlos Bolsonaro", *O Globo*, 4 fev. 2019.

17 X: @CarlosBolsonaro, 21 jan. 2019.

18 Sobre o papel da vagueza no discurso populista, ver Laclau (2005). Sobre a vagueza no populismo digital bolsonarista, ver Demuru (2020) e Cesarino (2022a).

É nesse sentido que Furio Jesi (1979) defende que a principal caraterística da "cultura de direita" reside em sua capacidade de produzir "máquinas mitológicas", isto é, dispositivos narrativos capazes de combinar infinitamente fatos e ficções de acordo com os diversos problemas que ela é chamada a enfrentar. Como afirma Cangiano, o escopo das máquinas mitológicas "não é a procura da verdade, mas a seleção e manipulação do material histórico-cultural do qual se dispõe para buscar, sobretudo, o consenso". Dito em outros termos, os valores "absolutos" da direita nunca são tão absolutos assim. Pelo contrário, sua razão é meramente instrumental, "podendo ser continuamente modificados para alcançar objetivos igualmente mutáveis, funcionais à manutenção de uma hegemonia cultural".[19]

Para seguir maravilhando, toda narrativa conspiratória tem que nutrir a dúvida, induzindo seus seguidores a descobrirem, sozinhos, a "verdade". As pessoas encontram no conspiracionismo um motivo de realização, um trampolim para fugir do anonimato e se sentirem mais espertas e poderosas. O processo da descoberta das tramas secretas do mundo é gratificante, reaviva a autoestima individual e coletiva. Milei, Trump, Bolsonaro, Meloni e os demais integrantes da internacional populista de extrema direita sabem disso muito bem. Suas contínuas exortações a duvidar de tudo e de todos, a recolher indícios e "tirar conclusões", servem para isso: implantar a suspeita sobre as manobras ocultas das elites e alimentar a busca, fascinante e psicologicamente satisfatória, dos fatos "reais" atrás das "aparências".[20]

---

19 "La destra ha la sua cultura e vuole che sia anche la tua", *Lucy sulla cultura*, 27 out. 2023.

20 "Bolsonaro e Haddad cotados na Lava-Jato. Tirem suas conclusões!" X: @jairbolsonaro, 23 out. 2018; "O FORO DE SP está mais ativo do que nunca: Assista e tire suas conclusões". X: @jairbolsonaro, 21 out. 2019; "A esquerda diz pregar a democracia e os direitos humanos... Tire suas conclusões mais uma vez." X: @jairbolsonaro, 31 ago. 2016.

São essas as razões pelas quais as teorias da conspiração do século XXI foram definidas e abordadas, por alguns especialistas, como "jogos". Em particular, como Alternate Reality Games [Jogos de realidade alternativa] (ARG) e Live Action Role Playing [Jogos de interpretação ao vivo] (LARP).[21] Os primeiros misturam a experiência on-line e a realidade cotidiana. São jogos cujo objetivo é desvelar mistérios através de indícios que os jogadores encontram na vida real. Os segundos são jogos de representação e interpretação de papéis, ou, dito mais simplesmente, "jogos de faz de conta jogados por adultos".[22] O desenvolvimento de um LARP não segue um roteiro preestabelecido e não possui um final fechado. Pelo contrário, seu bom êxito depende da capacidade dos jogadores de trilharem, juntos, caminhos inusitados, como quando as profecias falham e o roteiro do jogo é reinventado: bloquear as estradas, ocupar os quartéis, rumar para Brasília.

Nessa linha de raciocínio, não é casual que muitos dos invasores do Capitólio de Washington estivessem mascarados. Lembram de Jacob Chansley, o "Xamã do QAnon"? Lembram de seu corpo tatuado com símbolos da mitologia nórdica e pagã, do chapéu de chifres de bisão que ele vestia, de sua cara pintada com as cores da bandeira estadunidense? Eis um exemplo concreto de por que o QAnon pode ser considerado um LARP. Ou melhor, uma mistura de ARG e LARP, já que, nele, a experiência real e on-line se entrelaçam indefinidamente.

Um caso parecido é aquele do grupo 300 do Brasil que, em maio de 2020, manifestou-se com máscaras e tochas *tiki*, as mesmas usadas pelos supremacistas brancos norte-americanos, diante do STF. Liderado por Sarah Winter, o grupo fazia referência à

---

21 "QAnon resembles the game I design. But for believers, there is no winning", *The Washington Post*, 11 maio 2021.
22 Agradeço a Tadeu Iuama por essa definição e remeto à sua pesquisa sobre os LARP: Iuama (2022).

lenda dos trezentos espartanos que defenderam a cidade contra os persas na Batalha das Termópilas. O feito, relatado pelo historiador grego Heródoto, tornou-se célebre graças à homônima história em quadrinhos de Frank Miller e Lynn Varley, bem como ao filme *300*, de 2006, dirigido por Zack Snyder. Mobilizando esse imaginário para ganhar força interna e externamente ao movimento, os 300 do Brasil passaram dias acampados próximo à Praça dos Três Poderes, ameaçando invadir o STF e chegando, em uma ocasião, a lançar fogos de artifício contra o edifício. Para fazer proselitismo e criar pertencimento, porém, as fantasias não precisam ser tão sofisticadas; bastam roupas mais simples, como a camiseta da seleção brasileira de futebol, que, desde os protestos de junho de 2013, se tornou uma espécie de uniforme oficial da extrema direita brasileira, ajudando a consolidar sua identidade (Demuru, 2018).

É com base em analogias como essas que o escritor italiano Wu Ming 1, membro do coletivo de escritores Wu Ming, propôs, em seu livro *La Q di Qomplotto. QAnon e dintorni. Come le fantasie di complotto difendono il sistema* [Q de qomplô. QAnon e além. Como as fantasias de conspiração defendem o sistema], substituir a expressão "teoria da conspiração" por "fantasia de conspiração". O termo "teoria", diz Wu Ming 1, é excessivamente carregado de lógica e racionalismo, e não consegue expressar a força mágica do conspiracionismo contemporâneo. Daí a escolha — segundo o autor, mais adequada — do vocábulo "fantasia", que realça a dimensão encantadora das narrativas complotistas (Wu Ming 1, 2021, p. 119). Termo, aliás, que em português parece dar conta de maneira ainda mais contundente do caráter "extraordinário" do populismo conspiratório de extrema direita. Significando, ao mesmo tempo, "imaginação" e "disfarce", a palavra "fantasia", associada a "conspiração", capta, de uma vez só, todas as dimensões do fenômeno em questão, tanto a carga maravilhosa de seu discurso quanto aquela de seus ritos e performances. Emblemáticas, nesse sentido, são as aparições de Milei fantasiado de "super-herói libertário",[23] ou, ainda, o vídeo em que o ultraliberal argentino destrói uma maquete do Banco Central do país com o martelo de Thor.

O que observamos acima revela outro ponto crucial do extremismo de direita: as fantasias de conspiração que promove só têm sentido se forem vivenciadas coletivamente. Nelas, o que encanta não é a mera descoberta dos indícios que as comprovam, mas o fato de que todo achado é compartilhado com outros pares. "*Where we go one we go all*" [Aonde vai um vamos todos] é um dos slogans do QAnon, que representa bem a importância, para seus seguidores, de estarem, se sentirem e agirem juntos.

Pode-se dizer que as fantasias de conspiração funcionam como obras de arte participativa. Sua experiência é próxima àquela do teatro de vanguarda, que quebra as fronteiras entre palco e plateia. Ou àquela das *fanfics*, narrativas ficcionais feitas por fãs que desenvolvem os enredos dos filmes, séries, histórias em quadrinhos ou videogames que amam. Em seu estágio inicial, as fantasias de conspiração podem até ser obra de autores específicos, mas seu impacto não depende disso: depende de sua capacidade de promover apropriações por parte do público, favorecendo a escrita coletiva do roteiro.

Além da história em si, as palavras com as quais ela é contada têm seu papel na construção do coletivo. Os populistas conspiratórios têm vocabulário próprio: "Estado profundo", "sistema", "isentões", "plandemia", "não morreu de covid, morreu com covid", "vaChina", "Festa da Selma" (codinome utilizado para organizar a invasão à Praça dos Três Poderes em 8 de janeiro 2023). Emerge e consolida-se, através do uso compartilhado dessas expressões, um sentido de união, de ligação comunitária. Se tem algo que o discurso político contemporâneo deixou ainda

---

23 "Milei já se fantasiou de 'super-herói libertário', assista", *Poder 360*, 28 ago. 2023.

mais claro é que o "nós" não é apenas uma história: o "nós" é também a língua que o "nós" fala (Montell, 2021).[24]

Os adeptos das fantasias de conspiração erigem, assim, em torno dessas práticas — linguísticas, rituais, lúdicas, de criação — as suas identidades individuais e coletivas. Perceba-se que estamos muito além da exigência de construir ou reconstruir uma história para reduzir uma qualquer dissonância cognitiva. A teoria de Festinger explica somente em parte o que move quem se entrega de corpo e alma ao conspiracionismo. O problema é que ela aborda sua experiência em termos eminentemente negativos, como se as pessoas procurassem apenas resolver — consciente ou inconscientemente, pouco importa — uma falha. Pelo contrário, aqueles que caçam conspirações o fazem porque querem mais, porque sentem, nessa busca, fascínio, prazer, excitação e outros sentimentos positivos que nem sempre, no mundo capitalista, estão ao alcance de todos, sobretudo dos mais desfavorecidos. A *redpill* não é um antidepressivo, é um ecstasy.

Trata-se de algo que devemos ter em mente todas as vezes que nos propusermos a desmontar uma fantasia de conspiração ou qualquer outra fake news. Ao fazermos isso, temos que estar cientes de que não estamos lidando exclusivamente com dados, fatos e evidências. Estamos lidando com pessoas. Pessoas complexas com histórias e desejos complexos. Pessoas que acreditam junto com outras pessoas. Pessoas que, ao lado de seus pares, se encantam e querem, como é seu direito, se encantar.

Conforme aponta ainda Wu Ming 1, as fantasias de conspiração funcionam como uma panaceia contra a frustração, a raiva e o desgosto causados pelas perversões do capitalismo (Wu Ming 1, 2021, p. 223). Elas não surgem do nada, mas a partir de "núcleos de verdade" que expõem a crueza do mundo em que vivemos:

---

24 Sobre o tema, há também uma fala esclarecedora de Thiago Amparo em "A morte de Olavo de Carvalho, Linn da Quebrada e os cortes no orçamento", *Quem lê tanta notícia*, jan. 2022.

um mundo brutalmente desigual, onde os ricos são cada vez mais ricos e os pobres cada vez mais pobres; um mundo onde o lucro prevalece sobre os direitos sociais, civis e humanos; um mundo onde há, sim, abuso e tráfico de crianças e menores (tema sequestrado não apenas pelo QAnon mas também por figuras centrais do bolsonarismo, como a ex-ministra da Mulher, da Família e dos Direitos Humanos, Damares Alves); um mundo onde atores de Hollywood participam realmente de cultos misteriosos (Tom Cruise e a cientologia, por exemplo); um mundo cuja economia é movida pelo trabalho escravo (como demonstram, entre muitos outros, os casos das vinícolas Salton, Aurora e Garibaldi, no Rio Grande do Sul); um mundo onde as grandes indústrias farmacêuticas nem sempre se preocupam com a saúde de quem compra seus remédios, para usarmos um eufemismo (pensemos em como a venda barata e desregulada de analgésicos à base de opioides favoreceu a explosão de uma verdadeira epidemia de toxicodependência nos Estados Unidos nos anos 1990); um mundo onde os complôs reais existem e sempre existiram (lembremos das armas de destruição em massa que Saddam Hussein não possuía, mas que foram usadas pelos governo Bush como justificativa para a invasão do Iraque em 2003). Ou seja, é a própria realidade que dá brechas para que o pensamento conspiratório floresça. E é por isso que esse pensamento muitas vezes parece verdadeiro — e convence.

Diante de fatos tão brutos, é natural que os seres humanos, independentemente de suas escolhas políticas, busquem tanto explicações logicamente fundadas (e sim, embora as julguemos absurdas, há coesão e coerência nas histórias do conspiracionismo de extrema direita) quanto uma pequena dose de maravilha, imaginações que lhes deem alguma esperança de futuro. As fantasias de conspiração suprem ambas as necessidades. O problema, como prossegue Wu Ming 1, é que elas são narrativas diversionistas, que inibem a luta contra o real inimigo de nosso tempo: o sistema capitalista. Segundo a definição do escritor italiano, uma narrativa diversionista é a explicação fantasiosa de um quadro político-social que se concentra em causas fictícias ou irrelevantes, impedindo ou atrasando a crítica ao real funcionamento do capitalismo e, portanto, a tomada de medidas para enfrentá-lo (Wu Ming 1, 2021, p. 136). Em outras palavras, as narrativas diversionistas ofuscam o quadro geral da situação, tiram o foco dos problemas que realmente importam e dispersam as energias que poderiam ser usadas para resolvê-los. No livro *Do transe à vertigem*, Rodrigo Nunes chega a conclusões análogas. Nos termos do autor, narrativas conspiratórias como QAnon, marxismo cultural ou globalismo apontam para a gravidade do estado geral das coisas, "mas o fazem oferecendo o conforto de fantasias que prometem soluções relativamente simples. Com isso, elas são capazes de canalizar sentimentos antissistêmicos — a começar pela sensação de que há algo fundamentalmente errado com o mundo — em circunstâncias nas quais praticamente ninguém acredita que uma mudança sistêmica seja realmente possível" (Nunes, 2022, p. 51).

O elo entre a mentalidade conspiratória e a "ideologia empreendedorista" da economia plataformizada do século XXI, também explorado por Nunes em sua obra, pode ser lido à luz dessas hipóteses. Motoristas de Uber, pequenos influenciadores digitais e outros profissionais autônomos buscaram no "empreendedorismo de si mesmo" um caminho para ascender social e economicamente. Contudo, devido à lógica de mercado neoliberal e da economia da atenção das mídias sociais, que fomenta a competição extrema entre os menos favorecidos, produzindo sempre mais perdedores que vencedores, muitos tiveram suas expectativas frustradas. E, quando isso aconteceu, em vez de culparem quem os privou de direitos fundamentais em prol do enriquecimento de poucos, abraçaram fantasias de conspiração que lhes contavam sobre a existência de uma elite corrupta que favorecia injustamente minorias que não mereciam esse apoio (indígenas, migrantes, LGBTQIA+), as quais começaram a ser apontadas como as responsáveis por seus fracassos. É devido a essas interpretações distorcidas, que ofuscam os reais problemas da humanidade, que as fantasias de conspiração "defendem o sistema".

No entanto, quero reforçar, o sucesso do conspiracionismo não reside apenas na identificação de relações lógicas de causa/efeito que, embora absurdas ou irreais, explicam as raízes dos males que atormentam o sujeito contemporâneo; o êxito do conspiracionismo descansa, também e sobretudo, nos ganhos afetivos que proporciona. As fantasias de conspiração satisfazem o desejo das pessoas de se sentirem diferentes, mais inteligentes que outras. Quem toma a pílula vermelha e enxerga finalmente "A Verdade" é atravessado pela emoção vertiginosa da descoberta dos segredos do mundo, pelo prazer de pertencer a um pequeno grupo de iluminados que realmente sabe o que está acontecendo, pelo gozo de fugir à mediocridade, à mesmice, aos automatismos e à solidão em que a sociedade capitalista nos mantém confinados. As fantasias de conspiração não oferecem apenas respostas simples a questões complexas; elas entregam a experiência do maravilhoso em um mundo onde a maravilha está em falta.

Poder-se-ia objetar: mas o que há de maravilhoso na fruição de narrativas que contam que o planeta está em ruínas, que o apocalipse está chegando, que crianças estão sendo abusadas? Como um horror desses pode atrair tantas pessoas? Essas perguntas me permitem especificar a natureza e as dimensões do encanto do populismo conspiratório de extrema direita, que se funda, a meu ver, em três pilares.

Em primeiro lugar, conforme sugere Wu Ming 1, o encanto extremista de direita responde à lógica do "sublime dinâmico" postulado por Kant em *Crítica da faculdade do juízo*. A sensação que se prova diante do espetáculo dos males infligidos pelos poderes ocultos à população mundial é a mesma que se prova perante os eventos naturais tremendos e ameaçadores descritos pelo filósofo alemão: furacões, vulcões em erupção, mares tempestuosos (Kant, 1993). Quanto mais espantoso for o cenário, mais ele impressionará. A maravilha, nesse caso, surge da experiência estética do perturbador (Wu Ming 1, 2021, p. 223).

Em segundo lugar, como dito anteriormente, o encanto deriva do prazer da descoberta do horror em que estamos metidos, bem como de suas origens: "Sim, o mundo é controlado por malvados poderosíssimos, mas agora eu sei disso, agora eu vejo a realidade que estava escondida, a totalidade de um quadro do qual tinha antes uma visão fragmentada. Inicialmente, provei estupor, mas agora me sinto uma pessoa nova, especial. Eu *sei* o que as pessoas 'normais' não sabem" (Wu Ming 1, 2021, p. 223-4).

Em terceiro lugar, o encanto liga-se à possibilidade de um mundo melhor prometido pelas fantasias de conspiração. De certo modo, é como se elas estivessem nos dizendo que, sim, estamos passando por um momento ruim, mas as coisas vão melhorar. Ou, inversamente, que as coisas não são tão graves como dizem alguns políticos e cientistas de esquerda: a covid-19 é uma gripezinha, as mudanças climáticas são uma mentira e o mundo vai seguir existindo como sempre existiu. Nessa chave, as fantasias de conspiração guardam vínculos profundos com dois discursos que fizeram da maravilha seu alimento: o discurso religioso, principalmente o das igrejas neopentecostais, que anuncia o advento de um messias que trará um reino de paz; e o discurso dos filmes hollywoodianos de super-heróis. Já citei antes o caso do Milei "super-herói libertário", mas ainda mais pertinente a esse propósito é lembrar os epítetos e os apelidos com os quais Trump costumava se autodefinir: "O Escolhido", "O Rei de Israel", "Batman" e "Superman", entre outros (Demuru, 2020, p. 272).

Após as crises econômicas de 2008 e dos anos 2010, resolvidas com mais precarização e desigualdade, consolidou-se, no Ocidente, uma demanda por leituras e soluções fáceis através das quais entender e enfrentar a deriva do capitalismo. Mas surgiu também uma demanda por maravilha, desejo, alegria, entusiasmo para tocar a vida adiante. A essas demandas a extrema direita soube responder muito bem, capturando o interesse e os afetos de pessoas desfavorecidas do ponto de vista econômico, social e cultural. Pessoas justamente indignadas com o atual estado de coisas, mas que não eram, nem teriam provavelmente se tornado, na presença de uma alternativa, extremistas.[25] Talvez seja essa a lição das primeiras décadas do século XXI: a natureza e os escopos políticos do real e do fantástico não são assim tão distintos. O encanto tem sua relevância nas disputas narrativas de poder. É um terreno de jogo que nunca pode ser abandonado.

---

25 Tanto no Brasil quanto em países do Ocidente, a adesão a movimentos, partidos e líderes de extrema direita configura-se como um "fenômeno interclasse", que não conta apenas com o apoio das esferas mais altas da sociedade, interessadas em preservar privilégios, mas também de indivíduos e grupos de indivíduos oriundos das camadas mais baixas que buscam saídas para problemas econômicos, sociais e psíquicos (Nunes, 2022). Sobre a capacidade das novas direitas de canalizar e expressar os desejos das massas oprimidas pelo capitalismo neoliberal, ver Klein (2023) e Gago e Giorgi (2022).

transe

Quando socialmente compartilhado, o encanto leva ao êxtase, ao deslumbre, ao transe coletivo.

É o que se viu no ataque ao Capitólio de Washington em 6 de janeiro de 2021. Naquele dia, ao lado do "Xamã do QAnon", uma massa enfurecida de seguidores de movimentos extremistas e fantasias conspiratórias de todo tipo atirou-se, literalmente, contra os muros do Congresso dos Estados Unidos. Essas pessoas arriscaram a vida convictos de que estavam lá para defender a honra e a liberdade do povo estadunidense e de seu líder, Donald Trump, suposta vítima de fraude eleitoral. Por sua vez, enquanto a turba se aglomerava diante do palácio, o então presidente continuou a fazer o que havia feito nos últimos meses: proferir ilações e mentiras sobre sua derrota, incitando seus fãs a persistirem na luta pela "democracia" e pela "verdade".

Dois anos mais tarde, em 8 de janeiro de 2023, foi a vez do Brasil. A maré de bolsonaristas convencidos de que a eleição de 2022 teria sido fraudada, e que seria necessário intervir para impedir a volta do comunismo no país, rumou para a Praça dos Três Poderes, em Brasília. Diante dos olhos omissos e complacentes da Polícia Militar do Distrito Federal e do Exército, conseguiu invadir o Palácio do Planalto, o Congresso Nacional e o Supremo Tribunal Federal, devastando tudo o que encontrava pela frente: vidros, móveis, obras de arte de valor histórico, cultural e econômico incalculável. Enquanto isso, Bolsonaro seguia elencando em seus perfis as supostas conquistas de seu governo, comportando-se, de fato, como se fosse — e ainda devesse ser — presidente.

Diversos analistas viram, em ambos os atos, a materialização de anos de ameaças explícitas e implícitas ao Estado Democrático de Direito, a passagem, fervorosamente ansiada, da palavra à ação. Tais leituras ressaltam a pujança do discurso verbal, os impactos concretos do que se diz, publicamente, "por aí". Segundo essa perspectiva, nossas falas, nossos tuítes, nossos posts no Facebook e nossas mensagens de WhatsApp não são meros enunciados: são gestos. Gestos que podem se traduzir em ações de maior ímpeto e alcance, ainda mais se são chefes de Estado como Trump ou Bolsonaro a pronunciá-las.

A extrema direita discorda dessa visão. Para ela, não há limites para a liberdade de expressão: tudo pode ser dito, inclusive que o partido nazista deveria ser refundado, como fez, em fevereiro de 2022, Monark, apresentador do *Flow Podcast*.[26] Segundo seus integrantes, defendidos hoje por Elon Musk, palavras são apenas palavras, e todos têm o direito de dizer o que passa pela cabeça, mesmo que isso atinja, direta ou indiretamente, os seus destinatários, causando-lhes danos morais, psicológicos ou físicos. Como já disse Bolsonaro, a liberdade de expressão irrestrita é um direito "sagrado".[27]

No entanto, para entender a fundo o que move a extrema direita conspiracionista, é preciso sair do universo da língua e olhar para outros aspectos da vida e da comunicação social. Apesar de terem cumprido um papel fundamental em fomentar os ânimos dos manifestantes, as declarações de Trump e Bolsonaro

---

26 "Monark é desligado do podcast Flow após defender partido nazista", *Folha de S. Paulo*, 8 fev. 2022.
27 "Em nenhum momento este governo deixou de respeitar o sagrado direito à liberdade de expressão de todos. Cometem atos antidemocráticos exatamente os que querem, pelo uso da força, calar quem se manifesta." X: @jairbolsonaro, 29 jul 2021.

não explicam, sozinhas, os ataques ao Capitólio e à Praça do Três Poderes. Ao lado delas, é preciso considerar a função do sensível na construção do pertencimento coletivo. O que entra em jogo, aqui, é algo que excede a ordem do racional — ou melhor, que a engloba dentro de suas lógicas.

Os adeptos do extremismo são movidos por impulsos e paixões de vários gêneros, todos caracterizados por um alto grau de intensidade. Junto ao maravilhamento intelectual proporcionado pela descoberta das tramas secretas do mundo, o que funda a identidade e a unidade dos atuais movimentos extremistas de direita é o puro sentir, o gozo, verbalmente indescritível e racionalmente inapreensível, provocado pelo fato de estar, e de sentir, juntos.[28]

Estamos diante de um fenômeno contagiante, que se alimenta do contato sensível, corpo a corpo, entre os sujeitos. O vínculo entre aqueles que fazem parte do grupo é epidérmico: a comunidade é, em primeiro lugar, uma sensação, um afeto, um "nós" que é percebido e vivido à flor da pele, assim como à flor da pele são vividas suas performances. Por isso é que é muito difícil convencer quem aderiu às crenças conspiratórias a mudar de ideia: porque o que está em jogo não é a ideia, mas a pessoa. A pessoa em carne e osso. Ou, mais precisamente, o grupo de pessoas em carne e osso ao qual ela está amarrada, com seus fervores e tremores coletivos. Os líderes populistas de extrema direita proporcionam esse contato ao construir, por meio de seu corpo e sua voz, um elo sensível entre eles e seu "povo", do qual reverberam ebulições e efervescências. Não por acaso, uma das estratégias mais utilizadas por eles é o grito. "VIVA LA LIBERTAD, CARAJO!", costuma clamar Milei ao encerrar seus discursos, canalizando e enaltecendo os sentires da massa de seus seguidores. Isso para não mencionar os inúmeros berros de Bolsonaro e o seu lema exaustivamente repetido: "Brasil acima de tudo, Deus acima de todos".

---

28 Sobre o papel do sentir e a relação entre populismo e contágio, ver Landowski (2018).

Esse tipo de contágio não se dá apenas no espaço físico mas também nos ambientes digitais. O que significam, por exemplo, as mensagens "URGENTES", escritas assim, em maiúsculo, que recebemos em nossos celulares? E as incitações ao compartilhamento amplo e imediato que as acompanham, tais quais "REPASSE!!!", "COMPARTILHE AO MÁXIMO!!!"? Seu real significado não reside no que nelas está escrito, e sim em sua própria materialidade: no uso das maiúsculas, nos pontos de exclamação, nos gritos de quem mandou áudios peremptórios contra as vacinas, contra Biden, Lula, STF, Alexandre de Moraes e todos os inimigos internos e externos de Trump e Bolsonaro que estariam prestes a instalar o comunismo no Brasil e nos Estados Unidos. A força de uma fake news que consegue se passar por verdadeira no Telegram ou no WhatsApp depende, muitas vezes, disso: não apenas do "que" é dito, mas de "como" se diz. Na era da pós-verdade, a verdade não é um mero problema de "conteúdo"; é também, e em boa medida, um problema de "expressão", no sentido semiótico do termo, isto é, de volume, tom, timbre, cores, formas, espaços e todas as matérias-primas das linguagens (verbal, sonora, visual, audiovisual) usadas para contar a história que se quer contar.

Nessa perspectiva, o que importa não é o teor do discurso político, mas sua força expressiva, sua capacidade de contagiar e, por meio dela, consolidar o vínculo comunitário. Voltemos a olhar, por esse ponto de vista, os assaltos ao Capitólio e à Praça dos Três Poderes. Antes mesmo de suas pautas, o que marcou tais acontecimentos? O arrebatamento emocional coletivo, o deslumbramento grupal dos sentidos. O mesmo vale para as conversas que acontecem, cotidianamente, nos grupos de WhatsApp e Telegram, repletas de mensagens exclamatórias como aquelas há pouco mencionadas. Os militantes do extremismo vivem em um perene estado de fibrilação afetiva. Estão sempre alertas, com seus nervos tensos, saboreando a própria excitação, prontos para a ação (Fechine, 2020). Participar de um movimento extremista de direita, hoje, é uma experiência extasiante para muita gente. É um rito, um teatro, uma festa. Um transe.

Durante a campanha eleitoral de 2023 na Argentina, Javier Milei reuniu pessoas em torno de dólares gigantes e motosserras, símbolos de suas principais propostas político-econômicas: a dolarização e os cortes radicais nas despesas públicas. Ao segurar a ferramenta ligada, seu corpo vibra e mexe num ritmo sincopado, gerando e alimentando o êxtase dos apoiadores. O Brasil viveu experiências parecidas. Não por acaso, o termo "transe" foi muito utilizado para explicar o que aconteceu no país entre 2013 e 2022, anos marcados pela ascensão do extremismo de direita. As jornadas de junho de 2013; os protestos pelo impeachment de Dilma Rousseff, com seus trajes e coreografias; a campanha eleitoral de Bolsonaro em 2018; as manifestações contra o isolamento social necessário à contenção da disseminação da covid-19 e, por fim, os atos golpistas contra a eleição de Lula: o que se viveu nesses episódios foi um gigantesco transe coletivo (Pinheiro-Machado & Freixo, 2019; Nunes, 2022).

Uma variação do termo "transe" foi usada, inclusive, como epíteto para definir a nova direita surgida das ruínas do governo Dilma: "direita transante". Criada em 2016 por Pedro Augusto Ferreira Deiro, um dos fundadores do Movimento Brasil Livre (MBL), principal organizador dos atos contra Dilma e o PT, a expressão salientava, segundo o autor, o caráter esteticamente jovem, revolucionário e empolgante dos movimentos antipetistas daqueles anos (Dos Santos & Chagas, 2018). O adjetivo refere-se ao verbo "transar", do qual seu autor explora todas as nuances: transar na acepção sexual do termo, mas também transar no sentido de "deleitar-se", "curtir", "gozar (de)". No entanto, e justamente em razão de tais significados, "transante" pode ser também associado ao substantivo "transe": a um estado de exaltação e excitação dos sentidos, aos impulsos extáticos do corpo e do espírito, como aqueles que se experimentam na rave, no Carnaval ou em um ritual místico-religioso.

Não soa estranho que os atuais populismos conspiratórios estejam fortemente ancorados em crenças e práticas religiosas, em particular as neopentecostais, para as quais a dimensão sensível é central. Tomemos o exemplo do QAnon. Como foi amplamente observado, muito do seu sucesso depende de suas referências explícitas e implícitas ao cristianismo.[29] Em seus atos, os qanons carregam símbolos cristãos. Para eles, a luta do povo contra as elites é uma cruzada; a tempestade prometida por Trump, um apocalipse. Há, no QAnon, um gosto pela escatologia, pelos anúncios proféticos sobre o fim dos tempos e a chegada dos messias que nos livrarão dos demônios que nos oprimem; um gosto intimamente vinculado a uma precisa maneira de estar no mundo, marcada pela procura e perpetuação de um estado de *tensão* e *tesão* que, para que o prazer continue vivo, há de se manter sempre na mesma — excessiva — frequência.

O mesmo vale para Bolsonaro e o bolsonarismo, cujo discurso guarda relações profundas com o de líderes evangélicos como Edir Macedo e Silas Malafaia. Há anos, o ex-presidente do Brasil alerta para o caos apocalíptico que estaria prestes a se abater sobre o país, autoproclamando-se, ao mesmo tempo, como o Salvador da Pátria. Na Páscoa de 2020, Bolsonaro fez um paralelo entre o fato de ter sobrevivido à facada sofrida durante a campanha eleitoral de 2018 em Juiz de Fora (MG) e a ressurreição de Cristo. Durante uma conferência com líderes religiosos brasileiros, afirmou: "Eu queria falar uma coisa, já que hoje se fala em ressurreição. Eu não morri, mas estive perto da morte [...]. Outro milagre aconteceu. O perfil para chegar à presidência não era meu, nada tinha para chegar, sequer tinha partido até março de 2018". O apocalipse e o messias nunca chegam, mas Bolsonaro e seus parceiros continuam insistindo: "Estejam vigilantes, mantenham-se firmes na fé, sejam homens de

---

29 "The prophecies of Q. American Conspiracy Theories Are Entering a Dangerous New Phase", *The Atlantic*, jun. 2020.

coragem, sejam fortes". É o trecho da Primeira Epístola de São Paulo aos Coríntios que Nikolas Ferreira, do PL, deputado federal mais votado do Brasil nas eleições de 2022, costuma citar em suas redes sociais.[30]

Para além da projeção de um futuro melhor e da renovação da fé em Deus — e nos políticos que se arrogam o direito de falar em seu nome —, palavras como essas têm um sentido que excede seu significado literal. Dizer que o "caos está logo aí" ou exortar os seguidores a se manterem vigilantes após a eleição de Lula tem, por assim dizer, uma valência fisiológica: nutre a ebulição dos corpos em espera, alimenta, com base no afeto, a mobilização coletiva. Eis o ponto: a proximidade entre fenômenos como o QAnon, o bolsonarismo e o evangelicalismo não concerne apenas ao conteúdo de suas narrativas, mas também à concretude sensível de suas performances.

Pensemos ainda quando Michelle Bolsonaro falou em "línguas" na ocasião da confirmação de André Mendonça como novo ministro "terrivelmente evangélico" do STF,[31] ou ainda nas orações e nos cantos coletivos do Hino Nacional feitos pelos bolsonaristas acampados nas estradas e em frente aos quartéis do Exército entre novembro de 2022 e janeiro de 2023. Há, aqui, um elo entre religião e política cujo cerne é o transe, a alteração dos estados de consciência psicofísica, o contágio coletivo, o envolvimento emocional. Mais uma vez: não se trata de um problema puramente "cognitivo". Pelo contrário, o que sobressai na experiência religiosa do extremismo de direita é o corpo, a pele, os sentidos.

A conexão entre as narrativas da extrema direita, as fantasias de conspiração, o transe, a religiosidade e o misticismo excede, porém, as fronteiras do cristianismo. A figura e o dis-

---

30 X: @nikolas_dm, 30 dez. 2022.
31 "O que são as línguas usadas por Michelle Bolsonaro e por que evangélicos falam em intolerância?", *Folha de S. Paulo*, 5 dez. 2021.

curso de Milei, por exemplo, estão impregnados de magia e esoterismo. Ele diz conversar e consultar-se cotidianamente, sobre a vida e a política, com o espírito de seu cachorro Conan, mastim inglês falecido em 2017, e que quem o ajudou nessa empreitada foram o bruxo Gustavo, conhecido no X, e Celia Liliana Melamed, especialista em "comunicação interespécie" e "telepatia animal" (González, 2023). Milei tem um contato direto com Deus — "El Número UNO", como costuma chamá-lo — graças à mediação de Conan. Deus lhe deu uma missão: entrar na política para acabar com os planos da elite internacional progressista que governa o planeta. No entanto, ele estreitou fortes relações com o judaísmo: se converteu, estuda a Torá e recebeu a bênção do rabino David Pinto Shlita para governar a Argentina. A aproximação entre a extrema direita e a fé judaica se deu também no Brasil, onde a religião sofreu uma verdadeira "colonização" por parte do bolsonarismo, nas palavras de Michel Gherman (2022).

Mas existem outros nós na trama que une o conspiracionismo e o sobrenatural. QAnon, antivacinismo e muitas outras fantasias de conspiração mobilizadas pela extrema direita têm vínculos profundos com experiências físico-espirituais ligadas majoritariamente ao universo do "bem-estar" (*wellness*): new age, yoga, ayurveda, astrologia, terapias alternativas e curas quânticas com óleos essenciais, ervas, cristais — fenômeno batizado com o termo "conspiritualismo", por meio do qual se quis evidenciar o vínculo entre o conspiracionismo e as diversas formas de espiritualidades presentes no mundo (Ward & Voas, 2011; Asprem & Dyrendal, 2015; Parmigiani, 2021; Cesarino, 2022b).[32] Como no caso do evangelicalismo, essa apropriação passa pelo sentir. Em defesa de seus ideais e escolhas, como aquela de não se vacinar contra a covid-19, os conspiritualistas insistem nos saberes intuitivos do corpo. Contra o novo coronavírus criado

---

[32] Sobre o tema, sugiro também o podcast *Conspirituality*, apresentado por Derek Bares, Matthew Remski e Julian Walker.

em laboratório, o corpo, graças às suas virtudes e conhecimentos ancestrais, vai saber reagir. Basta tomar um ou outro chá, seguir com os exercícios diários, meditar, vibrar positivamente.

Que fique claro: não estou dizendo que todos aqueles que acreditam nessas condutas sejam conspiracionistas. Assim como não são todos conspiracionistas os evangélicos, nem nos Estados Unidos, nem no Brasil, nem em qualquer outro lugar do mundo. Longe de mim querer generalizar tão abruptamente sobre o assunto. Estou dizendo que o discurso da extrema direita se apropriou sutilmente dos discursos religiosos e espirituais e das práticas de autocuidado de nossa era, manipulando-os e utilizando-os para seus fins específicos (Klein, 2023). Além dos exemplos previamente discutidos, cabe recordar o caso de Steve Bannon, guru de figuras como Trump, Matteo Salvini e a família Bolsonaro. Já carregada de misticismo e referências a guias espirituais fascistas como Julius Evola, a narrativa de Bannon incorporou, a partir de 2020, elementos oriundos do universo do *wellness*. Entre outras coisas, o ex-diretor executivo do *Breitbart News* começou a vender kits de zinco, D3 e outras vitaminas contra a covid-19, atrelando a cura de si mesmo ao "despertar" (*awakening*) de uma nova consciência política (Teitelbaum, 2020).[33]

Dito isso, não se deve cair no engano de considerar o transe extremista como um fenômeno inconsciente, dirigido de cima para baixo. Não, não estamos diante de zumbis, robôs ou fantoches teleguiados, que agem sem saber o que querem ou o que estão fazendo — ou de "gado", como se costuma dizer no Brasil. Essa é uma visão arrogante e elitista, incapaz de enxergar tanto os núcleos de verdade por trás da ficção conspiracionista quanto o desejo de encanto e prazer que as pessoas possuem e querem satisfazer, principalmente as pessoas de classes mais

---

33 "Steve Bannon: Wellness Warrior?", Mother Jones, 20 mar. 2021.

baixas, que encontraram no discurso da extrema direita uma resposta a seus anseios e problemas.

Como afirmei no capítulo anterior, as fantasias de conspiração configuram, muitas vezes, uma resposta à crueldade da sociedade capitalista. Para fazer frente às amarguras da vida, as pessoas buscam se encantar. Perante a desilusão cotidiana, procuram, em algum canto de sua existência, um pouco de maravilha. Ante o individualismo exacerbado da economia neoliberal, desejam comunhão. Elas têm direito ao pertencimento, ao encanto e ao transe que quiserem. Para os críticos que observam de fora, tais fenômenos podem até parecer irracionais, absurdos e fanáticos. Mas, para quem os vive de dentro, a experiência é aquela de uma emancipação coletiva extasiante, inspiradora, legítima e devida, pois preenche vazios realmente existentes e demandas socialmente justas. Em certa medida, para o sujeito oprimido que abraçou o conspiracionismo fantástico, entrar em transe não significa "estar fora de si", mas "voltar a si", reapropriar-se e retomar o controle da própria existência.

É um erro olhar para as relações entre as experiências política e religiosa com soberba ou desinteresse (Balloussier, 2024; Spyer, 2020), subestimando o problema ou considerando-o resolvido graças a algumas — poucas e isoladas — vitórias eleitorais. Como alerta Ronilso Pacheco, é importante lembrar que, apesar da derrota de Jair Bolsonaro no pleito de 2022, as igrejas evangélicas ainda podem se tornar as primeiras incubadoras de um espírito de radicalização que segue vivo. Nas palavras do autor, para revigorar a democracia, será fundamental enxergar e orientar "o potencial de mobilização e fortalecimento das pautas de justiça social e igualdade que a religião pode ter".[34] Isso vale também para outras esferas espirituais e práticas de bem-estar físico e psicológico. Entretanto, é preciso entender que

---

34 "Igrejas evangélicas serão incubadoras da extrema direita se o governo não mudar forma de lidar com elas", *The Intercept Brasil*, 11 jan. 2023.

não se trata somente de uma questão de pautas, mas também de disposição e potência afetiva. É essa força, além dos temas e dos assuntos de interesse público, que deve ser enquadrada em outros cenários narrativos. Para tanto, é necessário suspender o juízo e observar os frêmitos do corpo político sem preconceitos éticos e excessos de racionalismo.

O problema não é o transe em si, mas o que está por trás dele: um discurso autoritário e excludente, que execra o Estado Democrático de Direito; preza o supremacismo dos homens brancos e a misoginia; defende o armamento da população e é contra direitos civis conquistados a duras penas; e pratica violências físicas e psicológicas de todo tipo. O problema não é a diversão no sentido de "curtição", mas a diversão no sentido de "desvio", mudança de foco e atenção. Quando canalizada pelos populismos conspiratórios de extrema direita, toda essa energia que poderia ser usada para lutar contra injustiças reais acaba sendo desperdiçada. Como sabemos, os caçadores de complôs vestidos de revolucionários que lutam contra o "sistema" são, na verdade, os maiores defensores do sistema.[35] É preciso reconstruir e redirecionar esse fluxo de afetos.[36]

---

35 Sobre o caráter conservador e reacionário das fantasias de conspiração, ver Wu Ming 1 (2021) e Di Cesare (2021).

36 As reflexões de Verónica Gago (2020) sobre o poder do feminismo e as novas direitas vão exatamente nesse sentido.

ódio

A pergunta que nos deveríamos fazer não é, portanto, "por que o encanto, por que o transe?", mas "por que *esse* encanto, por que *esse* transe?". Por que um transe enfurecido, rancoroso, ressentido, movido a ódio?

Sim, e muitos já o disseram: o que reside na base do discurso extremista é o ódio (Solano, 2018). Ódio contra negros; ódio contra gays, lésbicas, bissexuais, trans e o movimento LGBTQIA+ de modo geral; ódio contra as mulheres; ódio contra comunistas e supostos comunistas; ódio contra a política; ódio contra a mídia tradicional; ódio contra judeus; ódio contra árabes e muçulmanos; ódio contra fiéis de religiões de origem africana; ódio contra migrantes; ódio contra tudo aquilo que é diverso.

No Brasil, as raízes mais recentes desse ódio devem ser buscadas nos processos sociais e políticos que levaram das jornadas de junho de 2013 à eleição de Bolsonaro em 2018, bem como na maneira como esses processos foram narrados pela mídia. Dirigidos incialmente contra o aumento de vinte centavos na tarifa do transporte público, os protestos tornaram-se, no arco de poucos dias, amplos e confusos. Não apenas o número de pessoas nas ruas como também o leque de reivindicações da revolta multiplicaram-se vertiginosamente, e passaram a ser expressos em uma miríade de slogans como "não é só por 20 centavos", "muda Brasil", "hospitais padrão Fifa", "o gigante acordou", "verás que um filho teu não foge à luta" etc. Essa ambiguidade semântica foi acompanhada por uma explosão de afetos e paixões: fascínio, deslumbre, êxtase, agitação — junho de 2013 foi também um grande transe coletivo, um momento de euforia generalizada em que muitos vivenciaram o frêmito da participação política, acreditando poder fazer algo de bom pelo Brasil.

Aquele encanto revelou-se, cedo, um engano. Aos poucos, a energia potencialmente positiva da primeira hora foi sendo contaminada pelo ódio. Tanto nas principais emissoras de rádio e TV do país quanto nas redes sociais promoveu-se a demonização da então presidenta Dilma Rousseff, do ex-presidente Lula e do PT, apontados como a principal causa dos males da nação — nada disso fazia parte das convocações iniciais ao protesto, emitidas pelo Movimento Passe Livre (MPL) e voltadas exclusivamente à revogação do aumento na tarifa do transporte público, congregando apenas grupos de esquerda, inclusive setores do PT. Nos anos seguintes, e principalmente após a reeleição de Dilma em 2014, movimentos de direita e extrema direita surfaram na radicalização dos protestos de 2013, intensificando os ataques e os discursos de ódio contra a presidenta e promovendo grandes mobilizações pelo impeachment. Manifestantes vestidos de verde e amarelo, empunhando bandeiras do Brasil, ocuparam as principais avenidas do país, gritando, xingando e dançando coreografias preparadas especialmente para a ocasião, como a "dancinha do impeachment", encenada em Fortaleza por um grupo de manifestantes anti-Dilma. O encanto e o transe continuavam, mas o seu motor principal já era outro: o ódio contra o adversário político.

No fim de agosto de 2016, empurrados pela Operação Lava Jato, os movimentos alcançaram seu objetivo: Dilma foi deposta com a maioria dos votos do Congresso, mesmo sem ter cometido qualquer "crime de responsabilidade" — como a justiça demonstraria sete anos depois. Em abril de 2016, quando o impeachment foi votado pela Câmara dos Deputados, Bolsonaro dedicou seu "sim" ao coronel Carlos Alberto Brilhante Ustra, responsável pelas sessões de tortura contra Dilma durante a ditadura, manifestando-se, ao mesmo tempo, em prol da família tradicional brasileira, da "inocência das crianças em sala de aula" e do Brasil "acima de tudo". O ódio seguia alimentando o debate público e político. Muitos outros deputados votaram, aliás, "pelo Brasil", contribuindo para enquadrar a luta contra Dilma, Lula e o PT como uma luta "nacional", "patriótica": não uma disputa entre partidos ou movimentos políticos, mas uma batalha entre "o Brasil" e "os inimigos do Brasil" — um Brasil cuja identidade permanecia, porém, vaga, como em junho de 2013.

Os meios de comunicação tradicionais tiveram um papel central na construção dessa narrativa. Um exemplo destaca-se sobre todos os demais: em 16 de março de 2016, um dia depois da primeira grande manifestação pelo impeachment de Dilma, *O Globo* estampou a seguinte manchete: "O Brasil vai às ruas contra Dilma e Lula e a favor de Moro". No entanto, quando se tratava de descrever as manifestações em apoio à ex-presidenta, os títulos escolhidos eram outros: "Aliados de Dilma e Lula fazem manifestação em todos os estados", como escreveu o mesmo jornal em 19 de março de 2016. Construiu-se, assim, a imagem de uma disputa quase futebolística entre os "brasileiros" (os verde-amarelos pró-impeachment) e os "não brasileiros" (Dilma, Lula, seus aliados e defensores).

Em 2018, Bolsonaro tornou-se presidente com uma campanha que usava das mesmas estratégias discursivas: por um lado, ódio explícito a Lula e ao PT, ao movimento LGBTQIA+, a professoras e professores "comunistas", a supostos divulgadores da ideologia de gênero, entre outros inimigos; por outro lado, ufanismo e vagueza absoluta com relação às pautas e aos projetos que deveriam fundar o "seu" Brasil.

Relembrar essa história, aqui, tem um sentido preciso. De fato, ela é um exemplo emblemático de como o ódio se tornou uma das paixões políticas preponderantes do século XXI, e não apenas no Brasil. Na Argentina, nos Estados Unidos, na Hungria, na Itália, na Polônia, na França e em muitos outros países viveu-se um recrudescimento do nacionalismo, fomentado principalmente por líderes, partidos e movimentos extremistas de direita. *"Make America great again"* [Faça os Estados Unidos serem grandes outra vez], *"Prima gli italiani"* [Primeiro os italianos], "Brasil acima de tudo, Deus acima de todos". A celebração do orgulho nacional promoveu a polarização da sociedade, a qual, por sua vez, impulsionou o nacionalismo. Consolidou-se a ideia de que os povos nacionais estavam sendo atacados por inimigos internos e/ou externos: pela política como um todo, por este ou aquele político particular, pela mídia, pelo establishment, pela Nova Ordem Mundial, pelos esquerdistas, pelos negros, pelos migrantes. Esses e outros sujeitos passaram a ser odiados com uma intensidade que não se via desde os anos 1930, no ápice dos regimes nazifascistas e do anticomunismo, do antissemitismo e do racismo por eles promovidos.

Vislumbra-se, aqui, a primeira razão de ser do ódio extremista: ele serve para reforçar a condição de "vítimas" na qual os líderes populistas conspiratórios se colocam e colocam o seu povo. Esses sujeitos dizem odiar a elite, o sistema, Lula, Clinton, Soros, os migrantes, os muçulmanos, porque são perseguidos por eles. Por isso, mesmo quando estão no poder, os Trump, os Bolsonaro e os Milei continuam a se fazer de vítimas, dizendo que este ou aquele inimigo os impedem de trabalhar — porque a narrativa da vitimização alimenta o ódio do qual eles precisam para manter viva sua popularidade. O mesmo vale para os adeptos do populismo conspiratório que habitam Telegram, WhatsApp, X e outras redes sociais. O seu status primordial é o de vítimas: vítimas do establishment, do globalismo, das mulheres, da ditadura gay, da ditadura do politicamente correto que reprime sua liberdade de expressão. Contra isso tudo, eles levantam, firmes, seu grito de ódio.

Além disso, ou talvez por isso mesmo, o ódio sustenta um sentido de comunidade. Quem odeia se reconhece em quem compartilha o alvo de seu ódio. Odiar cria pertencimento, define uma identidade de grupo. O ódio nutre o transe, o deslumbre, o êxtase coletivo. Foi o ódio contra o *deep state* promovido por QAnon, Trump e outros movimentos do campo da extrema direita estadunidense que alimentou o transe da invasão do Capitólio. Assim como foi o ódio contra Lula, PT, Alexandre de Moraes, STF e as instituições republicanas brasileiras que fomentou o transe dos atentados bolsonaristas contra a democracia (e não me refiro apenas aos atos de 8 de janeiro 2023, mas também às inúmeras manifestações dos anos anteriores, como aquelas a que assistimos em 7 de setembro de 2021 e 2022, de cunho explicitamente golpista).[37] O ódio move, se move e dança junto com quem o pratica.

As redes sociais contribuíram maciçamente para a consolidação e a difusão dos discursos de ódio (Fisher, 2023). Com sua lógica exclusivista e binária, que promove a oposição entre bolhas que não se comunicam (a não ser para manifestar seu ódio recíproco), essas mídias reduziram a sociedade a grupos estanques cuja principal atividade parece ser aquela de brigar entre si. Acrescente-se a isso o fato de que os conteúdos mais clicados e compartilhados — e, portanto, mais rentáveis para as plataformas — são os que possuem a mais alta carga de emoções negativas, e o quadro está completo (Soroush, Roy & Aral, 2022). No entanto, não se trata apenas de uma questão econômica; a relação entre a pervasividade do ódio em nossas sociedades e as mídias sociais é também um problema de linguagem.

A linguagem da política e, de modo geral, a linguagem do debate público do século XXI são marcadas pela linguagem e retórica das mídias sociais, em particular aquelas que dão corpo

---

37 "Ou Brasil levanta faixa contra golpe, ou Bolsonaro tem chance, diz filósofo", *UOL*, 25 jul. 2022.

a conteúdos de ódio.[38] Para se manifestar em toda sua potência, o ódio precisa de expressões fortes: gritos, violências verbais, imagens chocantes, atitudes que estão na ordem do dia de plataformas massivas como X e Facebook, e outras redes mais de nicho, como Reddit, 8chan, Parler. Ao promover esse tipo de linguagem, as mídias sociais favoreceram não apenas a difusão do ódio como também — e antes disso — a sua formação, no sentido literal do termo: elas deram forma ao ódio, atribuíram-lhe uma cara, uma voz com um timbre peculiar. Um timbre cuja cifra reside na urgência, na brevidade e no fervor que caracterizam a comunicação digital. Imperativo, rápido, intenso e capaz de estragos inversamente proporcionais à sua pequenez, o ódio contemporâneo tem a forma de um tuíte.

Mas o vínculo entre o ódio e a retórica das redes sociais contempla também técnicas mais sutis — entre elas, a provocação. Quem odeia provoca e, através da provocação, promove seu ódio.[39] Entre os provocadores, Bolsonaro ocupa um lugar de destaque. "Caguei, caguei para a CPI, não vou responder nada", afirmou em julho de 2021, em uma de suas *lives* semanais, a respeito da Comissão Parlamentar de Inquérito da Pandemia. "Cala a boca", disse uma vez a uma jornalista que perguntou por que estava sem máscara em um ato oficial. Para outro, falou que tinha uma "cara de homossexual terrível".[40]

Bolsonaro, Milei, Trump, Salvini e outros líderes da extrema direita do século XXI são verdadeiros *trolls* da política. Nas redes sociais, o *troll* é aquele usuário que se intromete nas discussões

---

38 Sobre a relação entre a linguagem e as práticas discursivas das redes sociais e as do populismo contemporâneo, venho desenvolvendo, desde 2018, uma pesquisa junto ao meu colega Franciscu Sedda, da Universidade de Cagliari. Para definir essa imbricação, temos usado o termo "redessocialismo", enfatizando como a comunicação populista do século XXI é uma exasperação, isto é, um "ismo", daquela das mídias sociais. Ver Sedda e Demuru (2019).
39 "Salvini, o dela provocazione", *Doppiozero*, 3 set. 2018.
40 "Jair Bolsonaro: provocação e negação como métodos de governo", *Estado de Minas*, 3 jan. 2021.

apenas para provocar e desestabilizar seu interlocutor/adversário. Suas provocações são encharcadas de ódio. Para o *troll*, o ódio é uma ferramenta discursiva, que confere força e eficácia às suas manifestações. Com suas grosserias, palavrões e violências verbais, o *troll* aumenta o tom emocional do debate, suscitando indignação, raiva e fúria (Leone, 2020; Nunes, 2022). Foi essa, por exemplo, a aposta vitoriosa de Milei para a campanha eleitoral argentina de 2023: fazer do insulto a principal estratégia de comunicação política. A lista de impropérios por ele proferidos é imensa: *pelotudo*, *pedazo de mierda*, *hijo de puta*, entre muito outros.[41]

Mas voltemos a Bolsonaro. Assim como as do *troll*, as provocações do ex-presidente do Brasil usam de uma técnica retórica específica: a *ignoratio elenchi*, expressão latina que significa "ação de ignorar o que se deve refutar". Com a *ignoratio elenchi*, o debatedor desvia o foco do debate rumo a questões irrelevantes. Em muitos casos, a *ignoratio elenchi* faz isso utilizando argumentos *ad hominem*, ou seja, argumentos contra a pessoa: em vez de rebater os pontos levantados pelo rival, ataca a pessoa do adversário, desqualificando-o e rebaixando o nível da conversa (Fiorin, 2015, p. 215). É o que mais acontece na internet, onde o ódio, expressado por ataques *ad hominem*, tornou-se um componente essencial da *ignoratio elenchi*. Apesar de terem alvos precisos (jornalistas, ministros do STF, adversários políticos), as afrontas "trollescas" da extrema direita servem, sobretudo, para inflamar os ânimos de seus seguidores e estreitar o vínculo de comunidade entre eles. A provocação dos populismos digitais extremistas distingue-se pela capacidade de atingir dois objetivos com um golpe só: ao mirar o alvo da provocação, o provocador olha também para os seus, convidando-os a manifestarem, juntos, seu ódio contra o inimigo.

---

41 "El increíble ranking de insultos de Javier Milei", *Perfil*, 17 jan. 2022.

Um exemplo dessa estratégia são as palavras proferidas por Bolsonaro em 7 de setembro de 2021, quando o então presidente resolveu inflamar o público ameaçando indiretamente Alexandre de Moraes, ministro do STF que o havia intimado a depor no âmbito do inquérito das fake news: "[Quero] dizer a vocês que qualquer decisão do senhor Alexandre de Moraes, este presidente não mais cumprirá. A paciência de nosso povo já se esgotou, ele [Moraes] tem tempo ainda de pedir seu boné e ir cuidar de sua vida".

Na forma de provocação e outros feitios, o ódio voltou a apropriar-se do humor, fazendo dele sua arma. Como aponta o ator e comediante Gregório Duvivier, um dos criadores do canal Porta dos Fundos, o extremismo tornou-se dono da piada, ressuscitando seus velhos registros, baseados no preconceito e nos argumentos *ad hominem*. O humor extremista zomba de pobres, negros e homossexuais e usa técnicas antiquadas, como o ultraje, o bordão, o exagero, fazendo piadas que se limitam a confirmar o status quo social e as expectativas do público sobre os rumos (esperados) das próprias piadas.[42]

É o que fez Bolsonaro quando disse que havia se tornado "boiola, igual maranhense".[43] É o que fez Trump durante a campanha eleitoral de 2016 e ao longo de todo seu mandato.[44] É o que fez o deputado federal Nikolas Ferreira em 8 de março de 2023, quando, na tribuna da Câmara dos Deputados, vestiu uma peruca loira e se fingiu de mulher para atacar pessoas trans.[45] Aliás, o mundo é repleto de ex-comediantes que se tornaram

---

42 "Gregório Duvivier fala de Bolsonaro, imagem do Brasil no exterior e humor", *UOL*, 29 set. 2021. Sobre a relação entre humor e política, ver o extenso trabalho do grupo de pesquisa coLAB, da Universidade Federal Fluminense, coordenado pelo professor Viktor Chagas.

43 "Bolsonaro faz piada preconceituosa no MA: 'virei boiola, igual maranhense'", *UOL*, 29 out. 2020.

44 "How jokes won the elections. How do you fight an enemy who's just kidding?", *The New Yorker*, 15 jan. 2017.

45 "Nikolas Ferreira ironiza pessoas trans no Dia da Mulher", *Poder 360*, 8 mar. 2023.

políticos ou de políticos que agem como comediantes: o ex-premiê inglês Boris Johnson, o palhaço Tiririca no Brasil, o francês Éric Zemmour, o presidente da Ucrânia Volodimir Zelenski, Beppe Grillo (cômico italiano fundador do Movimento 5 Estrelas, precursor dessa nova onda de *clowns* na política) e muitos outros.

O ódio cômico e provocador segue a lógica discursiva da "lacração", isto é, de quem, nas redes sociais, busca arrasar e "mandar bem" com frases de efeito, direcionadas contra sujeitos específicos, vistos como inimigos que devem ser aniquilados para que seu detrator possa ganhar fama e visibilidade. É preciso, então, "dar nome aos bois": o que reina nas redes extremistas não é o riso, mas a "derrisão", isto é, o riso zombeteiro, o riso que se expressa por meio do desprezo por outrem. A derrisão enquanto degeneração do riso, a derrisão como ódio travestido de comicidade. Séria ou comicamente, aproveitando-se da estrutura excludente e radicalizante das mídias sociais, de sua linguagem e retóricas provocativas, o ódio eclodiu e insinuou-se nos meandros mais recônditos de nossa sociedade.

Em diversos países do Ocidente, muitos adolescentes foram capturados por grupos extremistas que fizeram do ódio o motor de sua existência. Um caso emblemático é aquele das comunidades *incel*, acrônimo de *involuntary celibates* [celibatários involuntários], ativas em redes sociais como Reddit, 4chan e outras plataformas. Os *incels* são homens que alegam ser incapazes de encontrar uma parceira, embora seja esse seu desejo. Afirmam abertamente odiar as mulheres, descritas como seres manipuladores, naturalmente promíscuos e que só pensam em dinheiro. Suas manifestações são marcadas por incitação ao estupro e outros tipos de violência sexista. Em 2018, em Toronto, no Canadá, Alek Minassian, com 29 anos à época, atropelou com sua van um grupo de pedestres, matando dez pessoas. Pouco antes, ele havia publicado em sua página no Facebook o seguinte: "A rebelião *incel* já começou". O seu objetivo era eliminar homens e mulheres sexualmente ativos (*chads* e *stacys*, segundo a terminologia dos fóruns *incel*).[46]

Discursos similares são comuns nos assim chamados grupos *redpill* brasileiros. Como os *incels*, os *redpills* promovem o ódio contra as mulheres. Diferentemente dos primeiros, porém, os segundos mantêm relações com mulheres. No entanto, também para os *redpills* essas são seres naturalmente malvados, perversos e inferiores — razão pela qual elas têm que ser domesticadas e submetidas aos homens: belas, recatadas e do lar, mas sem os mesmos direitos de seus pares do outro sexo.[47] Em fevereiro de 2023, Thiago Schutz, influenciador digital e coach de masculinidade, expoente de ponta da comunidade *redpill* brasileira, ameaçou de morte a comediante Livia La Gatto, que havia satirizado sua produção no Instagram: "Você tem 24 horas para retirar seu conteúdo sobre mim. Depois disso processo ou bala, você escolhe". Os sentidos das palavras empregadas por Schutz são inequívocos, mas, em linha com as estratégias de distorção semântica usadas pela extrema direita, o influenciador chegou a dizer que havia usado "bala" em sentido figurado.[48]

Em sua análise da cólera, o semioticista lituano Algirdas Julien Greimas (2014) mostrava que havia um percurso passional que levava o sujeito da decepção à frustração, ao ressentimento, à malevolência e à cólera, que poderia ser seguida, enfim, por um ato de vingança. Essa sucessão explica bem a dinâmica das comunidades *incel* e *redpill*, assim como as raízes afetivas do ódio extremista. Na base do ódio há sempre uma frustração mal resolvida, um ressentimento que busca expressão. O populismo conspiratório supre essa exigência, dando vazão a essas cargas emocionais, transformando-as em novos encantos e transes coletivos.

---

46 "Quem são os 'incels' — celibatários involuntários — grupo do qual fazia parte o atropelador de Toronto", *BBC*, 27 abr. 2018.

47 "Redpill: A misoginia como lucro", *O assunto — G1*, 3 mar. 2023.

48 "'Palavra bala foi muito mal interpretada', diz coach que ameaçou atriz nas redes sociais", *CNN*, 28 fev. 2023.

No entanto, na era das mídias sociais, há outro aspecto a ser considerado. O ódio atual não se alimenta apenas de frustrações reprimidas, mas também do prazer proporcionado pelo ódio em si. Há pessoas no X, no Facebook ou no Instagram que passam horas em perfis que abominam. Há quem acesse a Netflix somente para assistir a uma série que julga detestável. Todo dia, os *haters* [odiadores] de carteirinha buscam caminhos para satisfazer seu desejo de ódio. O ódio pelo ódio é uma marca de nossos tempos, um sentimento tão comum que a indústria cultural já começou a produzir obras feitas exclusivamente para serem odiadas, pois o ódio agrada, seduz, cativa, envolve, mexe, une.[49] É isso que as plataformas digitais e os extremistas de direita que as habitam entenderam como ninguém.

Mas como sair desse buraco? O que fazer diante de uma explosão de ódio que provoca encanto e prazer?

---

49 Ver "Na mente de um hater", *Isso Está Acontecendo*, mai. 2021.

contra o suprematismo da razão

Nestas primeiras décadas do século XXI, a estratégia mais utilizada para combater os populismos conspiratórios de extrema direita tem sido o assim chamado *debunking*. De acordo com o *Oxford Dictionary*, fazer *debunking* significa mostrar "porque uma ideia ou uma crença são falsas e porque não são tão boas quanto eles acham que é". Via de regra, isso costuma ser feito por meio da apresentação de dados objetivos e argumentos lógico-racionais, utilizados para refutar textos, falas, mensagens e discursos não fundados em evidências devida e cientificamente comprovadas.

Um exemplo clássico de *debunking* é o trabalho desenvolvido desde os anos 1970 pelo Committee for Skeptical Inquiry [Comitê para a Investigação Cética], antigo Committee for the Scientific Investigation of Claims of the Paranormal [Comitê para a investigação de alegações do paranormal] dos Estados Unidos, que tem como objetivo desmascarar as pseudociências, entre outros discursos mentirosos. Em tempos mais recentes, o termo foi sendo associado à prática de checagem jornalística e, em particular, ao expediente das agências de *fact-checking* [checagem de fatos], cujo trabalho visa verificar a veracidade das (supostas) notícias que circulam na esfera do debate público, especialmente aquelas que povoam o submundo das redes sociais. Trata-se de uma operação de desconstrução lógico-argumentativa de cunho quase jurídico: os *fact checkers* [checadores de fatos] apresentam provas e contraprovas que mostram por que mensagens de texto, áudio, fotos e vídeos que recebemos em nossos celulares são falsos, exagerados, distorcidos e assim por diante, para usarmos algumas das etiquetas empregadas pelas próprias agências para rotular a desinformação contemporânea.

Quando conversamos com quem crê que Trump foi eleito para derrubar a seita de pedófilos satanistas que domina secretamente o planeta, que o Sars-CoV-2 foi criado em laboratório pelo governo comunista chinês ou que as vacinas contra a covid-19 são mais um golpe da Big Pharma, trazendo dados, evidências, experimentos científicos, estamos fazendo *debunking*. A análise semiótica pode também ser considerada uma prática de *debunking*. Quando identificamos e expomos as engrenagens que regem um discurso mentiroso, é exatamente isso que fazemos: mostrar como e por que um dado enunciado pode se passar por "verdadeiro". Como e por que a história na qual as pessoas creem "não é tão boa quanto elas acham que é". Isso é, sem dúvida, importante. É importante que existam agências de checagem, comitês de combate às pseudociências e uma crítica que desconstrói e exibe publicamente as estratégias do "fazer parecer verdadeiro". Eu mesmo, enquanto semioticista e estudioso do discurso, trabalhei e sigo trabalhando com esse fim.

No entanto, é preciso fazer autocrítica (e falo para mim em primeiro lugar; de certa forma, este livro é, antes de tudo, uma tentativa de autoanálise), pois temos, aqui, um problema: o *debunking* que praticamos até agora não funciona para os objetivos a que se propõe, ao menos não completamente. Nem no plano das interações microssociais, isto é, da conversa cara a cara entre duas pessoas ou pequenos grupos, nem nas esferas macrossociais, onde se disputa o enquadramento do debate público, em particular nas redes sociais (Recuero *et al.*, 2022; Batista *et al.*, 2022). E por uma razão muito simples, que tem a ver com o que vimos a respeito da dimensão mágica e sensível do populismo conspiratório de extrema direita: um discurso baseado em estratégias cognitivas e argumentações lógico-jurídico-racionais nada pode contra um discurso fantástico e maravilhoso, que cativa, encanta, envolve e contagia. Dificilmente crenças mágicas fincadas na epiderme trêmula do corpo social são abatidas com a força da razão — se é que é ainda existe alguma força na razão que temos usado e defendido.

Como alerta Wu Ming 1, a questão é que o *debunking* é, em certa medida, uma "narrativa tóxica", baseada em uma atitude intelectual e socialmente elitista que o autor chama de "ratiosuprematismo", ou suprematismo da razão. Nas palavras de Wu Ming 1 (2021, p. 214), o ratiosuprematismo configura "a confiança excessiva na lógica *strictu sensu*, na validade de suas asserções, na justeza de seus conteúdos e, por outro lado, a ingenuidade em relação à natureza sugestiva, sedutora e mitopoética da linguagem. [...] O ratiosuprematismo enxerga apenas uma antítese entre lógico e ilógico, um embate entre o raciocínio correto e o raciocínio falacioso, uma guerra entre a ciência e a ignorância".

A primeira consequência do ratiosuprematismo é, de acordo com Wu Ming 1 (2021, p. 215), a "síndrome do furador de bexiga": "O *debunker* imagina-se com a [espada] Durindana em mãos na Batalha de Roncesvales, apunhalando inimigos atrás de inimigos, quando na verdade está apenas furando bexigas com um alfinete, como um valentão em uma festa de aniversário, tornando-se detestável aos olhos das pessoas que, em teoria, deveria convencer". Eis o que é (o que eu mesmo já devo ter sido, quando agi dessa forma), aos olhos daqueles que procura persuadir, o adepto do *debunking*: um "corta barato", um furador de bexigas em festa de crianças. A história contada pelo *debunker* tem um olhar totalizante e antidialógico: diz que as coisas estão "assim e pronto", que a realidade é "x", "y", "z" e acabou. Com o *debunker* não se discute: sua abordagem é objetiva e imparcial, e não pode ser rebatida, pois ele é a voz da ciência e da razão. Além de presunçosa e elitista, essa atitude é incapaz de enxergar os "núcleos de verdade" presentes nos discursos dos populismos conspiratórios de extrema direita. Núcleos de verdade que nos lembram, todo dia, de que existem, sim, no mundo em que vivemos, opressores e oprimidos; que uma percentagem ínfima de pessoas concentra a maior parte das riquezas do planeta; que o acesso à saúde, à alimentação e à educação de qualidade é privilégio de poucos. Dessa forma, o *debunker* reafirma "uma concepção aristocrática da ciência e, de modo mais geral, do lume da razão. O enquadramento é aquele da elite guerreira que defende a civilização contra a barbárie" (Wu Ming 1, 2021, p. 215).

Dito em outros termos, o *debunker* ratiosuprematista que insiste em desmontar as crenças fantásticas com seus argumentos lógico-científicos é visto como um chato, esnobe e arrogante que acha que sabe e pode mais que todo mundo, um "mala", um tipo sério e triste, que, além de ser extremamente presunçoso, não sabe se divertir. Alguém incapaz de enxergar os encantos e os prazeres dos transes coletivos e se deixar levar por eles. Cabe ressaltar que a chatice do *debunker* ratiosuprematista difere de modo radical daquela do *troll* da internet, papel que expoentes do extremismo de direita como Milei, Trump, Bolsonaro, Nikolas Ferreira e Matteo Salvini interpretam com desenvoltura. Ambos têm seu jeito peculiar de estragar festas. Contudo, onde o *debunker* é altivo, o *troll* é singelo. Onde o *debunker* é refinado, o *troll* é grosseiro. Onde o *debunker* é cabeça, o *troll* é corpo. Onde o *debunker* é seriedade, o *troll* é diversão. Onde o *debunker* é academia, o *troll* é rua. Onde o *debunker* é elite, o *troll* é povo.

Vislumbra-se, aqui, a outra face do ratiosuprematismo: o suprematismo moral. Com sua altivez intelectual, o crítico racionalista dos populismos conspiratórios revela também sua soberba ético-política. O sujeito racional e moralmente superior é aquele que, consciente ou inconscientemente, coloca sua educação, seus valores e gostos acima dos dos outros. É quem critica os erros de inglês e português das fake news que recebemos em nossos celulares, explicando como eles as desmascaram, pois nenhum jornal sério — "aqueles que vocês deveriam ler!" — jamais cometeria falhas como essas; é quem repreende os vícios de linguagem de Trump e Bolsonaro; é quem recrimina suas falas grosseiras; quem julga suas roupas e gostos musicais; quem se queixa de suas comidas e pratos favoritos; quem critica duramente aqueles que neles votaram, chamando-os de burros, idiotas, manipulados.

Toda vez que vejo os adeptos do suprematismo racional e moral, lembro da fala do jovem bolsonarista apresentada por Esther Solano (2018) na introdução ao livro *O ódio como política: a reinvenção das direitas no Brasil*. Durante uma entrevista com a pesquisadora, o rapaz afirmou: "Professora, vocês da academia estudam tanto e parece que ainda não entenderam muitas coisas. Tratam a gente como se fôssemos todos burros. Não somos. Deveriam escutar mais, porque vocês não sabem de tudo". Quando pensamos e agimos com base no suprematismo ético e racional, não escutamos. Ainda assim, achamos que, do alto de nossa sabedoria, temos o direito de explicar aos outros por que eles estão errados. Errados em muitos sentidos: político, ético e até estético. A postura suprematista não é um problema político no sentido estrito do termo. É um problema semiótico mais amplo.

É um *problema de linguagem*: quando criticamos Milei, Trump ou Bolsonaro porque eles não falam corretamente, estamos sendo suprematistas. Aliás, não se dizia o mesmo de Lula? Os progressistas de então não o defendiam de ataques semelhantes, vindos das elites conservadoras do país? Não diziam que isso era — e sim, era — preconceito linguístico?

É um *problema de estética*: quando criticamos os figurinos de Bolsonaro ou Salvini por não serem adequados às etiquetas da política, estamos sendo suprematistas. Quando criticamos o design "tosco" de suas campanhas de comunicação nas mídias sociais, estamos sendo suprematistas (além de trouxas, pois o que Bolsonaro quer é justamente ser criticado pelos seus adversários por essas escolhas). "A crise é também estética", dizia um dos bordões que mais circularam, nas bolhas progressistas, antes e depois da eleição de Bolsonaro. Mas crise estética para quem? A partir de que ponto de vista? Quem tem o direito de dizer o que é e o que não é esteticamente crítico?

É um *problema de gosto*: quando criticamos Bolsonaro por suas preferências gastronômicas, bem como pela sua forma de comer — como no caso do frango com farofa, pelo qual Bolsonaro foi chamado de "porco"[50] —, estamos sendo suprematistas (e, novamente, trouxas). Quando o ridicularizamos porque chora enquanto ouve um sertanejo, idem.[51]

É um *problema de gozo*: quando criticamos, com o lume da razão, os encantos e os transes do populismo conspiratório, quando julgamos os nossos prazeres melhores que os prazeres dos outros, estamos sendo racional e moralmente suprematistas.

Se não tomarmos consciência das falácias da crítica ratio-suprematista, a batalha contra os encantos do extremismo de direita estará perdida. Como eu disse, isso não significa que devemos parar de checar notícias, verificar histórias, debater fantasias conspiratórias com parentes, amigos, conhecidos e desconhecidos, fazer a semiótica da desinformação. Significa que precisamos lidar com o fato de que também é preciso fazê-lo de maneira diferente. Foi essa a obsessão que me perseguiu ao longo dos últimos anos. As páginas que seguem são uma tentativa de enfrentar o problema, ou ao menos de enquadrá-lo a partir de uma nova perspectiva — um modo, o único modo que encontrei, de lidar com esse paradoxo comunicativo e existencial, uma forma de habitar essa encruzilhada entre teoria e práxis, análise e experiência, saber e fazer.

---

50 "'Bolsonaro Porco': redes repercutem vídeo do presidente comendo frango com farofa", *Folha de S. Paulo*, 31 jan. 2022. Sobre a relação entre comida e populismo, ver Demuru (2021).
51 "Bolsonaro chora em live com Pedro Guimarães e sertanejo Rick", *Poder 360*, 26 fev. 2023.

sensibilizar

Para enfrentarmos a narrativa da extrema direita do século XXI e suas fantasias conspiratórias, é preciso reinventar as linguagens, as práticas e as estratégias discursivas utilizadas para combatê-las. Essa recriação passa, em primeiro lugar, por uma operação de sensibilização. Ou melhor, por três operações de sensibilização:

(i) A primeira, defendida e praticada por muitos colegas das áreas de semiótica, linguística e comunicação, em consonância com as diretrizes da Organização das Nações Unidas para a Educação, a Ciência e a Cultura (Unesco), é relativa à assim chamada "literacia mediática" (Grizzle *et al.*, 2021; Barros, 2019).[52] O termo "sensibilização" refere-se, no caso, à difusão de conteúdos sobre os riscos do extremismo político e da desinformação a ele atrelada.

As mídias sociais configuram, hoje, uma das principais esferas da sociabilidade humana — o que, como foi amplamente estudado, impacta profundamente o desenvolvimento cognitivo e emocional de adultos, adolescentes e crianças, causando

---

52 O projeto Coronavírus em Xeque, da Rádio Universitária Paulo Freire, da Universidade Federal de Pernambuco, coordenado por Cecília Almeida, Ivo Henrique Dantas e Yvana Fechine, no qual participei com algumas análises em formato de áudios a serem divulgados pelo WhatsApp, tinha esse escopo.

transtornos de vários tipos (Haidt, 2024). Além disso, elas são muitas vezes usadas como únicos veículos de informação, especialmente no Brasil, onde as companhias telefônicas oferecem acesso ilimitado a WhatsApp, Facebook e Instagram, mas não à internet de modo geral.[53] Diante desse cenário, marcado pela profusão de fantasias conspiratórias e fake news de todo tipo, é cada vez mais importante entender o funcionamento das linguagens e das estruturas discursivas que regem a produção de conteúdos on-line. Não por acaso, a própria Unesco promove a semiótica e a análise do discurso como pilares de seus projetos de literacia midiática (Grizzle *et al.*, 2021, p. 176). Oferecer instrumentos para compreender como textos, áudios, vídeos e imagens que circulam nas redes são construídos é crucial para prevenir a difusão de notícias falsas e crenças enganosas. Mais do que isso: saber ler e interpretar processos comunicacionais e produtos midiáticos é uma questão de cidadania, um direito democrático. É preciso garantir o desenvolvimento das competências que permitam identificar as gramáticas internas a uma dada linguagem ou a um dado discurso, seus diálogos e articulações recíprocas, o reconhecimento dos gêneros textuais, as estratégias retóricas, as formas e os formatos das "narrativas" contemporâneas, especialmente em um momento histórico em que essa palavra — "narrativa" — tornou-se onipresente. É preciso, ainda, assegurar o domínio de ferramentas que possibilitem reconhecer as relações de força e poder envolvidas nas dinâmicas de produção de sentido, em particular no que tange aos adolescentes, que estão entre os mais atraídos pelos discursos da extrema direita mundial (Love, 2017).

---

53 Sobre o papel das redes sociais no cenário político e social brasileiro, bem como sua relação com o fenômeno da desinformação, ver os trabalhos dos grupos de pesquisas MIDIARS, da Universidade Federal de Pelotas, dirigido por Raquel Recuero, bem como o projeto Eleições Sem Fakes, da Universidade Federal de Minas Gerais, chefiado por Fabrício Benevenuto, além do já citado coLAB.

Não teríamos espaço para debater e explorar aqui essa diretriz. Nem é essa a minha intenção. Seguindo o raciocínio iniciado no Interlúdio, limito-me a dizer que isso não pode ser feito com base em práticas ratiosuprematistas. Há de haver, no universo da literacia midiática, uma dimensão lúdica e sensível, capaz de tocar e divertir as pessoas, livrando o processo de aprendizado do fardo do racionalismo. É esse o caminho trilhado por Sander van der Linden e Jon Roozenbeek, professores da Universidade de Cambridge. No âmbito de suas pesquisas sobre as estratégias e os métodos de combate à desinformação, eles produziram dois videogames, cujo escopo é neutralizar a má informação antes de sua difusão.

No primeiro, *Bad News* (2018), o jogador cumpre o papel de um verdadeiro profissional da desinformação, chamado a criar e divulgar uma série de notícias falsas e fantasias conspiratórias. O segundo, *Go Viral* (2020), encomendado pela Organização Mundial da Saúde (OMS), retoma a mesma estrutura narrativa do primeiro, focando, desta vez, a desinformação relativa às vacinas contra a covid-19. Trata-se de uma proposta parecida com a do coletivo italiano Molleindustria, que desde 2003 produz jogos on-line com o objetivo de conscientizar os usuários sobre as distorções do neoliberalismo. Entre os mais célebres, podemos destacar *Tamatipico: il tuo lavoratore precário virtuale* [Tamatipico: o seu trabalhador precário virtual] e *The McDonald's videogame*. Em ambos, o jogador assume o lugar do patrão opressor, sendo obrigado a reduzir salários, tirar direitos sociais, desmatar florestas para plantar soja etc.

A essas e outras operações de literacia midiática deu-se o nome de *prebunking*, pois procuram desmontar preventivamente as peças desinformativas, ensinando a reconhecer suas estratégias. No entanto, elas podem ter um efeito colateral, contribuindo para fazer circular as mesmas histórias e ideias que se propõem a erradicar.

(ii) A segunda operação de sensibilização diz respeito às práticas de *debunking strictu sensu*. É o que propõe Wu Ming 1 a partir de sua crítica aos adeptos da contra-argumentação ratio-suprematista. Para tornar o *debunking* menos tóxico e elitista, o autor defende a necessidade de o refundar sobre bases não mais exclusivamente lógico-racionais, mas sensíveis e afetivas. Segundo essa abordagem, o desvelamento das artimanhas utilizadas pelos ilusionistas do populismo conspiratório de extrema direita deve ser construído a partir do envolvimento emocional dos destinatários. A descoberta da verdade depende, nesse caso, da substituição do encanto proporcionado pela narrativa desinformacional por um outro encanto, que se traduz em um novo saber, na consciência do que é fictício e do que é real. Trata-se de algo próximo ao que fazem os mágicos que desvelam seus truques ou desmascaram charlatães que se passam por bruxos e curandeiros. Como Houdini, inimigo do espiritismo, que no começo do século XX expunha falsos médiuns imitando suas práticas ilusionistas. Como o Mago Silvan, que na Itália dos anos 1970 replicou as mesmas artimanhas utilizadas pelos curandeiros filipinos — célebres, à época, no país. Como os mágicos estadunidenses Penn e Teller. Como Mister M, o mágico mascarado, que teve um grande sucesso na televisão brasileira durante a década de 1990 por revelar os segredos do ilusionismo.

Em todos esses casos, quando o artifício por trás da mágica é revelado, a maravilha que ela provoca não desaparece; é simplesmente deslocada: não nos surpreendemos mais pela mágica em si, mas por como ela é construída. Proporciona-se, assim, um ganho — e um gozo — dúplice. A descoberta deslumbrante dos mecanismos que regem o truque faz o público enxergar seu caráter ficcional e pré-fabricado, sem que isso implique desencantamento. Pelo contrário, o encanto reaviva-se, favorecendo, agora, um processo de conscientização cognitiva. É assim que o *debunking* deveria funcionar, pois nenhum feitiço se vence apenas com a razão. Na batalha pelo encanto, os feitiços se combatem com outros feitiços.[54]

Um exemplo de *debunking* maravilhoso são os projetos desenvolvidos por alguns integrantes do coletivo de escritores Wu Ming (do qual faz parte o já citado Wu Ming 1) e outros grupos artísticos italianos entre 1994 e 2000, sob o pseudônimo de Luther Blisset Project (LBP). Naqueles anos, o LBP emplacou uma série de pegadinhas na mídia italiana com o escopo de sensibilizar (nas duas acepções do termo já descritas) a opinião pública sobre o impacto social e os riscos do jornalismo sensacionalista. Uma das mais bem-sucedidas refere-se à intervenção realizada por Blisset na cobertura do caso de uma suposta seita de pedófilos que teria abusado sexualmente de crianças em rituais satânicos. Interceptando essas narrativas, Blisset inventou e fez agir, durante vários meses, nas regiões do Lazio e da Emilia Romagna, uma falsa rede de satanistas devotados a estupros rituais e, paralelamente, uma confraria de católicos fascistas que os caçavam. O coletivo criou e difundiu uma série de notícias falsas sobre o tema, encenou missas obscuras nos bosques próximos à cidade de Viterbo, deixando indícios e relíquias. Tudo com o objetivo de atrair a mídia e fazê-la cair em suas armadilhas. Deu certo: as façanhas fictícias dos dois bandos foram muitas vezes noticiadas como reais por jornais e telejornais regionais e nacionais.

No entanto, essa era apenas a primeira parte do projeto. O segundo momento, mais importante que o anterior, era o desvelamento da pegadinha. Blisset não se limitava a reivindicar suas ações e escancarar o fato de que os eventos difundidos pela mídia italiana eram falsos. Além disso, o coletivo revelava os truques que havia utilizado para enganar os jornalistas. Expunha e tornava públicas suas táticas, explicando quais automatismos culturais e distorções do ecossistema da informa-

---

54 É essa a proposta de Stengers (2015) e Pinhare (2005), que entendem o capitalismo como um sistema feiticeiro que precisa ser enfrentado com outras magias.

ção havia explorado para que a brincadeira desse certo. Como resume Wu Ming 1 (2021, p. 52), a explicação da pegadinha era mais importante do que a própria pegadinha.

Tratava-se de uma operação de guerrilha semiótico-midiática destinada ao desmascaramento da máquina discursiva de construção de notícias falsas e/ou exageradas, mas que, em muitos casos, surtiu efeitos concretos, inclusive no plano jurídico. Graças à serie de pegadinhas sobre a suposta rede de pedófilos satanistas, Luther Blisset contribuiu para a absolvição de um grupo de jovens de Bolonha acusados de fazer parte de uma seita conhecida como I bambini di Satana [As crianças de Satanás], que teria abusado de menores em rituais. Os rapazes passaram cerca de quatrocentos dias encarcerados devido a uma ordem de prisão preventiva, sustentada, em grande medida, pela cobertura sensacionalista de certa imprensa italiana, que os havia descrito como seres abomináveis devotados a práticas desprezíveis — "fatos" que a operação do LBP havia ludicamente desmentido. Após o fim da prisão preventiva, os réus foram absolvidos em todos os graus do processo, recebendo, em 2004, uma indenização do Estado pelos dias que passaram atrás das grades.

Foi por causa dessas histórias que alguns críticos e analistas políticos chegaram a afirmar que o QAnon, com suas referências ao satanismo e à pedofilia, pudesse ser obra do coletivo Wu Ming. Para essa hipótese contribuía o fato de que Wu Ming, ainda sob o pseudônimo de Luther Blisset, havia publicado, em 1999, o romance histórico *Q*. No livro, Q era um agente secreto do cardeal Giovanni Pietro Carafa, que agia como infiltrado nos movimentos anabatistas da primeira metade do século XI — codinome e tarefas que o personagem compartilha com o Q do QAnon, suposto membro do governo Trump que avisava a comunidade de 4chan e 8chan sobre os planos do ex-presidente dos Estados Unidos para exterminar a cabala de pedófilos que controlam o *deep state*.

Em *La Q di Qomplotto* e outros textos anteriormente publicados em jornais e revistas, Wu Ming 1 e os outros membros do coletivo de escritores desmentem essas teorias, negando qualquer envolvimento com o QAnon, mas admitindo a possibilidade de que a fantasia de conspiração possa ter surgido como uma pegadinha de algum coletivo de esquerda (*leftist prank*) que escapou das mãos de seus criadores, tornando-se algo monstruoso — o que alerta também sobre os riscos de pegadinhas *à la* LBP na era das mídias sociais, onde, diferentemente da época televisiva, o alcance e o destino de qualquer história são muito mais difíceis de prever e direcionar, devido às lógicas algorítmicas, aos dispositivos de controle e às práticas de monetização das plataformas, que não se preocupam com os riscos e as consequências político-sociais relativos à difusão em larga escala de conteúdos potencialmente perigosos para o bem-estar da democracia.

Práticas de *debunking* sensível surgiram, no Brasil, durante o segundo turno das eleições presidenciais de 2022. Para combater a desinformação contra Lula e desmontar, paralelamente, a imagem de Bolsonaro como "cidadão de bem", o influenciador Felipe Neto se engajou no desmonte sistemático de fake news e fantasias de conspiração divulgadas pela campanha do ex-capitão. Neto publicou uma série de vídeos gravados e editados utilizando os recursos de linguagem e as tendências estéticas mais em voga da internet. Peças curtas e diretas, com cortes rápidos e dinâmicos, nas quais o comunicador aparece em primeiro plano; sobre um fundo de recortes de jornais, posts no X ou no Facebook que desdizem as mentiras contadas pelos apoiadores de Bolsonaro. Com um tom de voz e expressões faciais que envolvem e interpelam emocionalmente quem está do outro lado da tela, o comunicador explica como e por que muitas das mensagens que circularam nas redes e nos aplicativos de mensagem naquele período eram enganosas, aproveitando, ao mesmo tempo, para alfinetar os oponentes. Um caso emblemático é aquele em que Neto desmente a fake news que associava o boné com a sigla CPX, utilizado por Lula em sua visita às comunidades do Complexo do Alemão, no Rio de Janeiro, ao termo "cupinxa" [compincha], "parceiro do crime".[55] "É claro que CPX não tem nada a ver com tráfico de drogas", diz o youtuber com voz clara e firme. E continua: "É como os moradores do Complexo do Alemão se referem à localidade. Mas sabe o que não é fake news, seu Flavinho [referindo-se a Flávio Bolsonaro, filho do ex-presidente]: que o seu papai colocou sigilo de 100 anos na ação que investiga a sua operação de rachadinha no seu gabinete aqui do Rio de Janeiro. Olha só que bonitinho ele rindo". Atrás, um *print* de uma notícia do site *Congresso em Foco* na qual se afirma: "Receita Federal impõe sigilo de 100 anos em ação de Flávio Bolsonaro". Logo acima, uma imagem do senador às gargalhadas.[56]

Antes de seguirmos na análise do vídeo acima descrito, cabe precisar que não se está aqui fazendo nenhum elogio ao trabalho de Felipe Neto como um todo ou, menos ainda, defendendo que as redes possam ser entendidas e utilizadas como instrumentos de libertação e transformação político-social. O caso do influenciador é tomado apenas como exemplo de uma comunicação bem-sucedida com relação às práticas de desmonte de notícias falsas focadas apenas em estratégias cognitivo-racionais. Não acreditamos que Lula tenha sido eleito graças às mídias sociais. Pelo contrário, as armadilhas tecidas pelas plataformas digitais foram — e continuam sendo — muitas para o campo progressista, principalmente no que tange à elaboração de projetos de comunicação política de médio e longo prazo. No entanto, é

---

55 "Felipe Neto e o boné CPX do Lula — fakenews", RPORAI, 14 out. 2022.

56 Há alguns outros exemplos que valeriam ser mencionados, mas escolhi focar o de Felipe Neto devido a sua repercussão nacional e internacional. Em fevereiro de 2023, ao lado do presidente Lula e do ministro do STF Luís Roberto Barroso, Neto foi convidado a compartilhar sua experiência no combate à desinformação em um fórum da Organização das Nações Unidas para a Educação, a Ciência e a Cultura (Unesco) intitulado Internet for Trust. "At UNESCO, a call to regulate platforms in the face of online disinformation and hate", Unesco, 23 fev. 2023.

preciso estar nas redes, e, mais do que isso, fazê-lo de maneira eficaz. Nesse sentido, o caso de Felipe Neto, assim como outros exemplos que apresentaremos em seguida, tem algo a ensinar. Dito isso, podemos voltar ao vídeo do influenciador.

Estamos aqui diante de uma experiência completamente diferente daquela que se tem ao ler uma desmentida de cunho "convencional", como a seguinte: "É #fake que boné usado por Lula com abreviação CPX seja referência a facção criminosa do Rio de Janeiro".[57] O *debunking* de Felipe Neto cativa, mantém viva a curiosidade, contagia. Pode talvez gerar rejeição em quem não nutre simpatia pelo influenciador, mas não é tedioso. A frase acima, ao contrário, além de asséptica, corre o risco de soar acusadora e humilhante aos ouvidos dos indivíduos que acreditaram na fake news, sobretudo se compartilhada por pessoas e/ou órgãos de imprensa que eles já julgavam ratiosuprematistas. Em certa medida, parece que o texto da checagem está incriminando o leitor pelo fato de ter sido enganado, pela sua ingenuidade diante de uma mentira supostamente tão escancarada. E, como sabe quem já caiu nas armadilhas da desinformação — e atire a primeira pedra quem nunca escorregou nesse lamaceiro —, admitir publica ou até privadamente que isso aconteceu não é fácil, pois mexe com a autoestima da pessoa, entre muitas outras coisas (Ecker, 2022). Por isso, o *debunking* convencional aparenta ter menos chance de convencer do que aquele empregado por Felipe Neto. O grande número de visualizações obtido pelo youtuber durante a campanha presidencial parece ser um sinal da eficácia dos vídeos por ele publicados.[58]

Além disso, o *debunking* convencional tem outro problema: embora a desminta, ele acaba valorizando a notícia falsa, cana-

---

57 "É #fake que boné usado por Lula com abreviação 'CPX' seja referência a facção criminosa do Rio de Janeiro", *G1*, 13 out. 2022.
58 "Vídeos de Felipe Neto que desmentem fake news ultrapassam 100 milhões de visualizações", *Folha de S. Paulo*, 14 out. 2022.

lizando nela a atenção do público. Um exemplo: em 25 de março de 2023, a Secretaria de Comunicação Social (Secom) do governo federal presidido por Lula lançou a campanha Brasil contra Fake. A primeira imagem que aparece no carrossel ao centro do site mostra, em primeiro plano, as mãos de uma mulher que aplica a vacina no braço de um paciente. A foto, repleta de sombras e claro-escuros, capta o exato momento em que a seringa fura a pele da pessoa, temido por muitos, mesmo por quem confia cegamente nas vacinas. Acima, em posição de destaque, o título da notícia: "É falso que vacinas contra covid-19 causam mal súbito".[59]

Perante escolhas verbais e visuais como essas, o que fica na mente e no corpo de quem olha para essa chamada? O que, de fato, ela destaca: que "é falso que..." ou que "vacinas contra covid-19 causam mal súbito"? E que tipo de reação afetiva promove uma imagem como a que acabo de descrever? Considerando a profusão de mentiras e conspirações que acompanharam os programas de vacinação no mundo inteiro, ela gera certeza ou dúvidas sobre a segurança dos imunizantes? As perguntas são retóricas: a checagem da Secom reforça, sim, o boato de que as vacinas contra covid-19 são potencialmente danosas e provoca desconfiança com relação aos seus efeitos colaterais. Afirmar "é falso que" no começo da frase não é suficiente para neutralizar a fake news. O enquadramento narrativo e afetivo em que o texto e a fotografia se inscrevem são aqueles da notícia falsa original (o medo de que as vacinas contra covid-19 possam causar mal súbito), que ambos, mesmo negando, ajudam a consolidar.

Os vídeos de Felipe Neto não caem nessa armadilha. Nesse caso, não é a fake news que se quer desmentir (aquela sobre a sigla CPX) a enquadrar o *debunking* do influenciador. Ao invés disso, ela é inserida em uma nova arquitetura semântica e pas-

---

59 "É falso que vacinas contra covid-19 causam mal súbito", Secretaria de Comunicação Social da Presidência da República, 29 mar. 2023.

sional (relativa às investigações de Flávio Bolsonaro no caso das rachadinhas) que inverte realmente o seu conteúdo. Voltarei a discutir em detalhe esses assuntos no próximo capítulo. Por ora, limito-me a dizer que é preciso tomar cuidado ao se falar contra aquilo que se quer combater. Dizer "não" pode ser fácil, mas dizer um "não" bem-dito não é tão simples.

(iii) A terceira operação de sensibilização concerne às interações diretas, ao vivo ou nas redes, com os adeptos da extrema direita e suas fantasias conspiratórias. Em seu livro *How to Talk with a Science Denier* [Como falar com um negacionista científico], o filósofo da ciência e pedagogo Lee McIntyre (2021) recupera o debate acadêmico sobre as melhores estratégias para convencer alguém a mudar de ideia. McIntyre cita estudos publicados entre 2017 e 2020 que confutam o célebre artigo de Brendan Nyhan e Jason Reifler, "When Correction Fail: The Persistence of Political Misperceptions" [Quando as correções falham: a persistência de percepções políticas equivocadas]. Nesse texto, os autores argumentam que rebater, com dados e evidências, falsas crenças histórica e socialmente sedimentadas tinha um "efeito tiro pela culatra" (*backfire effect*): não apenas as pessoas não mudavam de opinião como saíam da conversa ainda mais convencidas de suas ideias (Nyhan & Reifler, 2010; Schmid & Betsch, 2019).[60]

Conforme aponta McIntyre, essa conclusão é demasiadamente radical. Sim, as pessoas resistem em mudar de ideia com base em dados e fatos, especialmente quando isso fere sua identidade e autoestima. No entanto, a mudança de opinião é possível, mesmo quando a renitência parece ser máxima. E aqui

---

60 "How to Debate a Science Denier", *Scientific American*, 25 jun. 2019; "Yes, It's Worth Arguing with Science Deniers, and here Are Some Techniques You Can Use", *Nieman Lab*, 28 jun. 2019; "Two Tactics Effectively Limit the Spread of Science Denialism", *Ars Technica*, 27 jun. 2019.

McIntyre chega a uma conclusão interessante: não se muda a opinião de alguém apenas através do *que* se diz, mas também, e sobretudo, do *como* se diz. Mas o que seria exatamente esse *como*? McIntyre o resume em quatro palavras: "respeito", "confiança", "calor" e "engajamento". Segundo sua visão, trata-se de abandonar todo suprematismo racional e moral e procurar tecer, com o outro — levando em conta o lugar de fala de cada um —, uma relação de igual para igual.

Em suma: é preciso "ajustar-se" ao interlocutor, não apenas cognitivamente, como também sensível e afetivamente.[61] É preciso deixar de lado a crítica lógico-racional. É preciso ter empatia. Construir uma interação fundada em emoções e sensibilidades positivas, e não na negação do outro e suas crenças, ainda que ele defenda o terraplanismo, o QAnon e as fantasias sobre a fraude eleitoral ou seja contrário às vacinas. Claro, isso pressupõe que, por parte do terraplanista e do antivacina, haja uma disposição, ainda que mínima, à conversa civilizada. Caso contrário, o que acabo de dizer não se aplica. Com quem troca o diálogo pela violência, seja física ou verbal, se discute por vias legais.

Ter empatia significa alterar o registro da conversa. Significa deixar o outro contar sua história, não falar em cima dele. Significa mudar o tom de voz, não gritar, falar mais devagar. Significa abdicar do léxico suprematista, não o chamar de "gado", "burro", "idiota", "louco", tratando-o como alguém sem inteligência e vontades próprias, que não soube perceber como e o quanto foi manipulado. Como eu disse anteriormente, uma posição como essa, além de soar arrogante e elitista, não capta nem valoriza os núcleos de verdade e os desejos que o discurso extremista conspiratório consegue interceptar. Não enxerga a pessoa, seus problemas concretos, sua necessidade de acolhimento e maravilhamento.

---

61 Refiro-me, aqui, ao conceito de ajustamento elaborado e desenvolvido em chave sociossemiótica por Eric Landowski (2014).

O blogueiro Anderson França resumiu bem essa necessidade ao falar do acolhimento que as igrejas evangélicas reservam aos que "erram" com relação ao ratiosuprematismo e ao anseio de vingança contra quem se envolveu com o extremismo de direita, visíveis, segundo ele, em certos setores do campo progressista: "Nós debochamos do pedido de perdão. A Igreja não. A Igreja vê ali uma oportunidade de ganhar mais uma pessoa leal [...]. Primeiro [as igrejas] olham a condição da miséria humana. E depois o erro daquele humano. E se concentram numa utopia: foram curadas por alguém que mora fora das camadas humanas. Movimentos de esquerda não consideram as subjetividades nem a possibilidade de alguém mudar".[62]

Não quero entrar no mérito da crítica de França. Não se trata, neste livro, de apontar o dedo para pessoas, mas sim para problemas de comunicação. E, nesse quesito, as palavras do blogueiro merecem atenção.

Alguns projetos desenvolvidos no Brasil antes e depois das eleições de 2022 seguem as diretrizes sobre sensibilização traçadas neste capítulo. Há dois que vale mencionar.

O primeiro é o curso "Chora, Morozov!", reservado a criadores de conteúdo progressistas preocupados com os rumos políticos da nação. Conforme a descrição do site, que interpela diretamente o destinatário, criando um vínculo imediato, o projeto visa capacitar tais influenciadores sobre as maneiras mais eficazes de se relacionar com seu público: "É influenciador/a e não sabe o que fazer para salvar a democracia? Então se inscreva na edição especial do curso 'Chora, Morozov!' O 'Chora, Morozov!' foi desenvolvido para te ensinar estratégias de como dialogar com a sua audiência acerca da importância das eleições atuais. A ideia é que você faça isso sem bancar o/a militante chato/a e sem aumentar a rejeição do seu público em relação a assuntos políticos".

---

62 "Preste atenção, meu irmão". Instagram: @blogandersonfranca, 21 mar. 2023.

O segundo é o guia *O Jair perdeu: pequeno manual para salvar o Brasil do caos bolsonarista*, que expõe um passo a passo para tecer uma conversa profícua com quem acreditou na fantasia conspiratória da fraude eleitoral difundida pelo ex-presidente e seu entorno. O "passo 5", em particular, vai ao encontro das teses aqui defendidas:

> Tente mostrar respeito à escolha dele [de quem votou em Bolsonaro e acredita que a eleição tenha sido fraudada]. Procure falar das poucas coisas que vocês têm em comum: querer um país melhor, com estabilidade econômica, com democracia e instituições que garantam a liberdade de escolha e de expressão e — não menos importante! — paz na p*rr# do almoço de família! Comece o papo assim: *Oi XXXX, essa bagunça por causa de política não dá, né? Eu sei que nem sempre pensamos igual, mas queria falar contigo sobre algo que acho que nós dois concordamos. O Brasil é um país grande, tem que se comportar como os maiores do mundo, sem colocar a economia e o futuro em risco.*

Se quisermos ter êxito na disputa discursiva contra o extremismo de direita, será preciso encontrar novas palavras, tons, registros, outros entornos e contornos comunicacionais, capazes de atrair quem pensou e pensa diferente. É um caminho quase inacessível e que demanda paciência, mas é a via, talvez a única, que nos resta percorrer.

inventar

Tudo o que acabo de dizer, no entanto, não é suficiente para enfrentar a desinformação e o discurso de ódio promovidos pela extrema direita. Desmontar a narrativa do adversário de maneira eficaz é importante, mas não basta. Também é preciso ocupar a esfera do debate público com novos conteúdos, que não permaneçam exclusivamente no campo semântico traçado pelo oponente. Dito de maneira simples e direta, devemos impor outras pautas, inventar e difundir outras histórias. Histórias que não tenham nada a ver com aquelas contadas pelo rival. Soa banal e talvez um pouco meloso, mas é o que tem que ser feito: imaginar outros mundos, outras vidas, outras conversas, outras formas de sociabilidade.

"A imaginação no poder" foi um dos slogans mais célebres do Maio de 1968. Ironia do destino: diante do sucesso eleitoral de figuras como Donald Trump, Jair Bolsonaro, Damares Alves, Nikolas Ferreira e outros políticos difusores de fantasias conspiratórias como o QAnon e o marxismo cultural eleitos para o Congresso brasileiro em 2022, não se pode dizer que a imaginação não tenha, de certo modo, chegado ao poder. No entanto, assim como o feitiço que se combate com outro feitiço, a imaginação dominante se enfrenta com novas imaginações. Aliás, toda disputa política é uma luta entre imaginações.

Quem atua no campo da comunicação política e conhece o trabalho dos marqueteiros e consultores que preparam um candidato para um debate sabe que esse é um ponto central para que ele tenha um bom desempenho. É preciso sair do *frame*, isto é, da moldura narrativa do adversário. O linguista estadunidense George Lakoff escreveu um livro fundamental sobre o tema, *Don't Think of an Elephant* [Não pense em um elefante], título que resume bem a tese do autor: se você disser a alguém "não pense em um elefante", a primeira coisa em que a pessoa vai pensar é no elefante. Um pouco como quando se diz "não" a uma criança pequena: "não mexa nisso", "não mexa naquilo", "isso não é legal, "isso não se faz". Muitas vezes, o que a criança vai fazer é exatamente aquilo que você não quer que ela faça. Usar negações construídas dessa forma pode ser um tiro pela culatra, tanto pelo político quanto por pais e mães.

Um caso notório citado por Lakoff é aquele de Richard Nixon, presidente dos Estados Unidos entre 1969 e 1974, que, para se defender das acusações do Watergate, afirmou, entre outras coisas, não ser um "trapaceiro" (*I am not a crook*), reforçando, assim, o vínculo entre si mesmo e a trapaça. Aos olhos da opinião pública estadunidense, ele se tornou ainda mais trapaceiro. Isso vale também para as práticas de *debunking* e *fact-checking* que explicam por que a notícia x ou y "não é verdadeira", "não é correta", "não é completa", "é distorcida" e assim por diante. O que circula e o que fica na memória coletiva continua sendo, afinal, as tais das "notícias x e y". Repito: não estou dizendo que tais operações de desmonte não tenham sua importância. Pelo contrário. O que estou defendendo é que, além de um *debunking* e de um *prebunking* bem-feitos, é necessário fazer "ex-*bunking*", ou seja, sair do *bunker* das histórias das quais queremos nos livrar.

Mudemos de assunto, falemos de outras coisas. Não respondamos sempre às provocações dos *trolls* da política. O que o provocador quer é exatamente uma resposta à sua provocação. O melhor, em alguns casos, é ignorá-lo, falar de outras coisas. Não é exatamente isso que fazem os líderes populistas de extrema direita? O que faz Bolsonaro quando algo o atinge?

O que ele fez, por exemplo, quando a CPI da Pandemia descobriu indícios de um possível esquema de corrupção na compra de vacina indiana Covaxin, ou quando revelou o fato de que o governo havia recusado por meses mais de setenta milhões de doses da vacina da Pfizer? Voltou a espalhar ilações e mentiras sobre os riscos de fraude eleitoral nas eleições de 2022. Seus seguidores nos grupos de WhatsApp e Telegram fazem o mesmo. Quando surge alguma notícia-bomba envolvendo Bolsonaro, como aquela sobre as joias trazidas ilegalmente por ele e sua esposa, Michelle, da Arábia Saudita, disparam fake news antigas sobre seus adversários: "Ah, mas Lula roubou trilhões de dinheiro, é o maior corrupto da história desse país".[63] Ou seja: muda-se de assunto, fala-se de outra coisa.

É isso que muitos educadores sugerem a quem cuida de crianças pequenas. O que fazer se o objetivo é que o bebê não faça algo? Conversar e explicar por que aquilo que está fazendo não deve ser feito. E, paralelamente, propor outra brincadeira, inventar outro jogo, imaginar, juntos, outra história. É preciso transformar os "não" em "sim", as negações em afirmações.

Há exemplos na história da comunicação política em que isso foi feito com êxito. É o caso da campanha para o plebiscito nacional do Chile de 1988, que iria deliberar sobre a permanência do general Augusto Pinochet no poder — o ditador governava com mão de ferro desde 1973. Uma vitória do "não" implicaria a convocação de eleições democráticas, enquanto o "sim" determinaria o prosseguimento do regime sangrento. Do lado do "sim", havia a ditadura. Do lado do "não", uma frente ampla de partidos de oposição. O símbolo escolhido para a campanha do "não" foi um arco-íris, que deveria resumir a união em torno da recusa a Pinochet. Para acompanhá-lo, optou-se por um slogan afirmativo e esperançoso: *Chile, la alegría ya viene* [Chile, a

---

63 "Analistas apontam desgaste de Bolsonaro entre evangélicos", *Deutsche Welle*, 17 mar. 2023.

alegria está chegando]. A propaganda em favor do "não" transmitida na TV era repleta de pessoas comuns que dançavam, sorriam, se abraçavam e beijavam enquanto cantavam, juntos, *"Chile, la alegría ya viene"*. Tudo isso fez daquele "não" um "sim": um "sim" à vida contra a ditadura.

A história da vitória do "não" no plebiscito chileno de 1988 foi contada pelo diretor Pablo Larraín em seu filme *No*, de 2012. Logo no começo, Larraín mostra trechos das primeiras versões das propagandas projetadas em favor do "não". Vídeos em preto e branco que exibiam os horrores da ditadura: militares, tanques na rua, violências, torturas. O problema, como enxerga o protagonista do filme, René Saavedra — publicitário fictício contratado pela campanha do "não" —, era exatamente que as peças propostas permaneciam dentro do molde narrativo do inimigo. Para ganhar o plebiscito, conforme aponta o marqueteiro no filme, era preciso fazer do "não" um "sim", apagar as suas marcas de negação e transformá-lo em uma afirmação. Era preciso contar outra história: uma história de esperança. O medo não ia ser vencido com outro medo, com um "não" que tivesse sido apenas um "não". O que venceu foi o "não-sim", a negação que se fez afirmação.

Como disse Eugenio Tironi, sociólogo e diretor de conteúdo da campanha do "não":

> Se fizéssemos uma campanha tradicional, de denúncia, aproveitando a oportunidade de ter acesso à televisão para mostrar o que a ditadura foi e fez, se tivéssemos nos entregado a este prazer, iríamos reforçar o medo e o ceticismo, a descrença, o sentimento de impotência contra essa figura que parecia invencível chamada Pinochet, e por isso teríamos perdido, não por uma armadilha [da ditadura] no plebiscito, mas porque o povo não teria ido votar.[64]

---

64 "El triunfo del NO bajo la mirada de Eugenio Tironi", *Noticias UAI*, 5 out. 2018. Agradeço a Ignácio Del Valle Dávila por ter me lembrado dessa fala de Tironi.

Trata-se, então, de afirmar e emplacar, na esfera do debate público, novas narrativas. Não basta escancarar as falácias do discurso do outro, seus horrores e perigos; pelo contrário, se malfeito, isso pode ter um efeito-bumerangue.

É esse um dos motivos pelo quais, nas eleições presidenciais de 2018, o slogan "Ele não", que se referia alusivamente a Bolsonaro, pode não ter funcionado como alguns esperavam. Apesar de ter proporcionado uma aglutinação de movimentos diversos e um sentimento de coletividade, o mote fez com que a campanha dos opositores do ex-capitão ficasse exclusivamente no campo discursivo estabelecido por ele. Em nenhum momento o lema foi acompanhado por um "ele sim" ou um "isso sim", apontando outra direção. Mesmo no segundo turno, a campanha do PT não soube comunicar de modo claro por que, além do "não" a Bolsonaro, era preciso dizer "sim" a Fernando Haddad.

O mesmo vale para o "não" a Milei nas eleições argentinas de 2023. A campanha de Sergio Massa, comandada por marqueteiros do Partido dos Trabalhadores brasileiro, concentrou-se quase exclusivamente nos ataques ao rival e em sentimentos negativos, como o medo, projetando cenários apocalípticos no caso de uma vitória da extrema direita. E não se preocupou em dizer "por que sim", "por que Massa". Não conseguiu traçar um cenário de esperança, de outro futuro possível. Claro, eleger o ministro da Economia de um país onde a inflação ultrapassava a marca de 140% era tarefa complicada. Mas não é esse o ponto. O ponto é que, em política, focar um discurso exclusivamente no "não" raramente é uma estratégia eficaz.

Mas voltemos ao Brasil e ao "Ele não" de 2018. Há, aqui, um aspecto que merece atenção, pois abre para questões de caráter mais geral. O que quero abordar agora não é o "não", mas o "ele". O uso do pronome diz respeito ao debate, muito em voga no começo do século XXI, sobre a necessidade de não pronunciar o nome dos adversários políticos. Não se deve falar o nome de Bolsonaro pois ele é "inominável" (termo, aliás, que lhe confere involuntariamente uma aura de segredo e magia, que pode gerar, em certos casos, mais curiosidade que recusa). Não se deve escrever seu nome nas redes porque isso é contraproducente, pois assim ele continua arrebanhando visibilidade e engajamento algorítmico. Verdade. No entanto, se o objetivo de não nomear alguém é fazer com que esse alguém saia dos holofotes, trocar seu nome por pronomes, codinomes e outros epítetos não é eficaz. Dizer "ele", "B", "o inominável" funciona até certo ponto, pelo simples fato de que, mesmo usando esses termos, estamos ainda falando daquela pessoa — e todos sabem disso.

É um problema de retórica: se se pretende omitir algo ou alguém, é preciso usar as técnicas certas. Pois bem, não se omite algo ou alguém com perífrases e epítetos. Perífrases e epítetos são apenas outro modo de nomear as coisas e as pessoas deste mundo, e não apagam a sua presença; pelo contrário, a reafirmam. Omite-se algo ou alguém não falando dele, falando de outras coisas (Fiorin, 2015).

Isso posto, quero esclarecer um ponto: não se trata de escolher entre "falar" ou "não falar" do adversário, ignorá-lo totalmente ou comentar com frequência suas façanhas. Dependendo do contexto, haverá momentos em que será mais apropriado ficar calado, e outros em que valerá intervir no debate. Mas, em geral, quando abordada de maneira absolutista, essa é uma dicotomia perigosa, que tira o foco do problema principal. A questão que deveria nos preocupar é outra: *se*, *quando*, *quanto*, *como* e *para quem* falar, seja contra ou a favor, ao vivo ou nas redes. Como aponta o antropólogo Orlando Calheiros, as energias precisariam ser gastas em encontrar alternativas inteligentes que fujam dessa lógica binária:

> O que seria uma saída inteligente? No lugar de divulgar massivamente o conteúdo ultrajante na base do "veja só esse absurdo", focar o compartilhamento de pessoas e conteúdos que, mesmo citando o conteúdo original, propaguem uma mensagem contrá-

ria bem construída. Dito de outra forma: no lugar de reproduzir, muitas vezes integralmente, o conteúdo absurdo, focar conteúdos que sejam verdadeiramente didáticos para o público mais amplo, que mostrem os motivos disso ou aquilo ser errado.[65]

O *debunking* de Felipe Neto, que discuti no capítulo anterior, segue essa lógica. Mas o ponto levantado por Calheiros não se refere apenas ao *debunking*, por assim dizer, *strictu sensu*. Em linha com o que estou aqui defendendo, ele vislumbra a urgência de práticas mais abrangentes, capazes de inventar maneiras originais e efetivas de falar sobre os rivais políticos não só para se defender mas também para atacar, trazendo-os para o seu campo narrativo. Maneiras que, reitero, devem saber calcular o *timing* (o quando), a *dimensão* (o quanto), a *forma* (o como) e o *público* (o para quem) da fala, balanceando com astúcia a necessidade de negar o discurso do outro e afirmar o próprio.

Um exemplo. Em agosto de 2021, Lula publicou uma foto em seu perfil do Instagram em que aparece abraçando sua então namorada, Janja. Lula veste uma camisa e uma sunga preta, que deixa em evidência a tonicidade dos músculos de suas coxas. O casal sorri, feliz. Atrás dele, sob um fundo cinza, desponta uma lua cheia amarela. A imagem — a fotografia política mais comentada de 2021, segundo um relatório da consultoria Quaest[66] — deu lugar a uma série de memes que comparavam o corpo sarado de Lula àquele mais fraco de Bolsonaro, bem como de outros que ironizavam a respeito de seus atributos sexuais. Ao lado, a legenda afirma: "Já leu os #76FatosSobreLula? Tá no Destaque da bio @lulaoficial. Um resumo sobre a trajetória do menino que

---

65 "O debate sobre como lidar com os conteúdos produzidos pela direita só vai avançar quando ultrapassarmos essa lógica binária do 'ignorar vs dar palco'. A saída é estabelecer alternativas inteligentes e romper com a dinâmica do engajamento voluntarista." X: @AnarcoFino, 13 mar. 2023.
66 "Foto de Lula e Janja no Ceará foi a imagem política mais comentada de 2021, diz consultoria", *Folha de S. Paulo*, 3 jan. 2022.

saiu do Semiárido pernambucano, se tornou duas vezes presidente do Brasil e líder mundial no combate à fome e à desigualdade". Logo abaixo, lê-se: "Lula chega aos 76 anos ao lado da namorada Rosângela da Silva, a Janja, e segue sendo a principal liderança brasileira a denunciar os desmandos do (des)governo de Bolsonaro e a afirmar: 'O Brasil tem jeito'".

O post de Lula é um caso de comunicação bem-sucedida, que trabalha de modo sagaz o *timing*, a dimensão e a forma do discurso a favor de suas pautas e contra seu oponente. A foto é uma promessa de um futuro feliz em um ano (2021) ainda marcado pelas feridas da pandemia de covid-19, uma mostra de que, mesmo nos momentos mais difíceis, sempre existe uma possibilidade para a alegria. O texto começa contando a história de vida e os sucessos de Lula. Em seguida, descreve o seu presente ao lado de Janja. A seguir, diz que Lula é a principal liderança contra o (des)governo Bolsonaro. Ou seja, nomeia e cita Bolsonaro, mas com uma alfinetada rápida e direta. Termina, enfim, com uma afirmação e um voto de esperança: "O Brasil tem jeito". Bolsonaro é citado e criticado quase casualmente em meio a uma narrativa que assegura um futuro melhor para o Brasil. Apesar de condená-lo, Lula — ou quem cuidava, naquele momento, de seu Instagram — não perde tempo no campo discursivo do rival. Para isso lhe bastam poucas palavras. O destaque é conferido a sua própria história. E mais: a imagem publicada por Lula cumpre, alusivamente, ou seja, sem falar diretamente do assunto, um verdadeiro "saque narrativo". Apropria-se de um dos temas centrais do discurso de Bolsonaro: aquele do "homem forte" capaz de pôr ordem no país e mantê-lo na linha com sua intransigência e dureza. Aludindo ao corpo magro de Bolsonaro, a coxa sarada de Lula mostra ao Brasil que seria ele o verdadeiro "homem forte" do qual a nação precisa. E tudo isso sem tocar diretamente no assunto.

Pessoalmente, lamento que o debate sobre os valores que deveriam definir o perfil político e humano da Presidência da

República gire ainda em torno do binômio força/masculinidade. Mas o ponto aqui é outro, e vai além do conteúdo específico do post analisado: numa perspectiva estritamente comunicacional, vale mais a pena investir em estratégias como essa — irônicas, simples, astuciosas — do que perder tempo decidindo os epítetos com os quais se referir àquele ou àquela expoente da extrema direita.

Resumindo: (i) não compartilhar por inteiro o discurso do adversário, postando o vídeo ou o texto de sua fala na íntegra, acompanhando-o com legendas tais quais "veja só o que o fulano disse, que absurdo"; (ii) identificar trechos úteis para os próprios fins, cortá-los e inseri-los em um novo contexto narrativo; (iii) enquadrar o "contra" dentro de uma história que contemple também argumentos e cenários positivos, "a favor" de alguém ou algo potencialmente bom para o destinatário pretendido.

Durante o segundo turno das eleições brasileiras de 2022, houve momentos em que isso parece ter sido posto em prática. Nas páginas seguintes, trago alguns exemplos relativos às disputas narrativas que tiveram lugar, nas mídias sociais, ao longo da campanha. Lembrando que vale, aqui, o mesmo que foi dito em relação aos vídeos de Felipe Neto analisados no capítulo anterior. A menção a pessoas e episódios específicos, inclusive ao post de Lula já citado, não deve ser entendida e generalizada como um elogio *ad personam*, nem como uma apologia das plataformas. O objetivo, neste como em outros momentos do livro, é pensar em estratégias de comunicação potencialmente eficazes, em formas possíveis de se posicionar e atuar nas disputas narrativas que permeiam o nosso cotidiano, e não apenas nas redes, mas também fora delas, em todos os meios que usamos e habitamos. Vejamos então, a partir de alguns casos concretos, como isso pode ser feito.

O começo de outubro de 2022 foi política e comunicativamente agitado. No arco de quatro dias foram divulgadas notícias sobre os supostos vínculos de Bolsonaro com a maçonaria, uma entrevista ao *New York Times* de 2016 na qual o ex-capitão afirmava que teria comido carne humana, velhas declarações a favor do aborto. Em 4 de outubro, o deputado André Janones fez uma *live* em frente ao Templo de Salomão, da Igreja Universal do Reino de Deus, em São Paulo, sobre as supostas relações de Bolsonaro com a maçonaria, levantadas após a divulgação de um vídeo antigo em que o ex-presidente aparece discursando em uma loja maçônica. A *live* teve milhares de visualizações em poucas horas, alçou Janones a figura central da campanha de Lula nas redes e marcou uma virada na disputa eleitoral. Pela primeira vez, os bolsonaristas ficaram na defensiva, tendo que responder aos ataques de seus opositores.

Em diversos setores do campo progressista, isso suscitou, inicialmente, um questionamento ético: não seriam essas as mesmas estratégias sujas de comunicação usadas pela extrema direita? Mesmo não se tratando de fake news, já que os vídeos de Bolsonaro eram reais, seria justo usá-las? Não se estaria, assim, rebaixando o nível do debate? Para Janones, o problema era secundário. Esse tipo de "guerrilha on-line" era a única coisa que restava a fazer diante de um adversário sem escrúpulos, que sempre se aproveitou da lógica algorítmica das redes, fundada no compartilhamento de conteúdos polêmicos. Mantê-lo ocupado rebatendo os ataques e preencher o espaço digital com esses assuntos foi, por si só, um fato positivo.[67] Pautar para não ser pautado, canalizar o embate discursivo em outros trilhos, criar caos comunicativo e desnortear o inimigo: eis o objetivo.

Para além da questão moral — legítima, mas que não vou discutir aqui — havia, contudo, um problema de caráter estratégico, cuja valência extrapola o aqui e o agora da competição eleitoral e deve ser levada em consideração para ações futuras. Condensar em tão pouco tempo tantas histórias negativas sobre

---

67 Para uma crítica da lógica algorítmica, em linha com a perspectiva e as posições defendidas neste livro, ver Cesarino (2022a) e Silveira (2019).

o adversário é arriscado por diversos motivos: (i) pode dar a ideia de uma operação orquestrada; (ii) pode reforçar a imagem do líder populista conspiratório de extrema direita — Bolsonaro, nesse caso, mas o mesmo valeria para outros — como "vítima do sistema", aquele que luta cotidianamente "contra tudo e contra todos"; (iii) concentra a disputa em campos em que ele se movimenta com desenvoltura; (iv) se não for bem articulado com as pautas positivas que se pretende divulgar, pode vir a ofuscá-las.

Ou seja, uma tática como essa pode ser útil para distrair o competidor, ocupar as redes, causar alguma rejeição em públicos específicos, mas deixa em aberto uma série de questões sobre seus possíveis efeitos colaterais: como, ao dar visibilidade aos conteúdos negativos sobre o outro, não deixar cair no esquecimento as pautas favoráveis, isto é, as propostas, as ideias, os desejos que se quer promover? Como relacionar os "contras" e os "a favor"? Opor-se, simplesmente opor-se, pode não dar certo. Não por acaso, o outro ponto de virada decisivo da campanha eleitoral brasileira de 2022 se deu quando o campo progressista conseguiu associar a desumanidade de Bolsonaro e seus aliados à pauta econômica, em particular à defesa do aumento do salário mínimo e das aposentadorias, ameaçados pelas propostas do então ministro da Economia, Paulo Guedes, que estudava desvincular o reajuste de ambos do índice de inflação do ano anterior.[68]

Repito: não se trata de escolher entre ignorar ou expor por inteiro o adversário, mas de saber *se, quando, quanto, como* e *para quem* falar, equilibrando e articulando negações e afirmações. Quando o ex-deputado e aliado de Bolsonaro Roberto Jefferson (PTB) atirou granadas e disparou seu fuzil contra policiais federais que cumpriam um mandado de prisão expedido pelo ministro do STF Alexandre de Moraes, levantou-se, nas redes,

---

68 "Guedes confirma plano de desvincular salário mínimo da inflação, mas nega que objetivo seja reajuste menor", *G1*, 20 out. 2022.

um debate sobre a possibilidade de o episódio ter sido propositalmente encenado para desviar o foco da economia. A melhor estratégia teria sido, então, ignorar completamente os atos de Jefferson. Mas como deixar de falar de um apoiador de Bolsonaro que lança granadas e dá tiros de fuzil contra agentes da Polícia Federal? Como desperdiçar um evento tão potencialmente proveitoso em termos comunicacionais, através do qual mostrar o culto às armas e à violência do bolsonarismo, os seus riscos para a vida humana — e para a "ordem" tão defendida por seus seguidores? Como não contar esse fato para pessoas e eleitores indecisos sensíveis ao tema? Por sorte, a tese da "cortina de fumaça" não se impôs, e uma nova história surgiu para enquadrar o ocorrido em uma moldura narrativa adequada à complexidade do contexto.

Era preciso construir uma ponte narrativa — uma cadeia de equivalências semânticas — entre as granadas, os tiros de fuzil, Guedes e o direito a uma vida econômica e socialmente mais digna. Foi feito. Fotos, vídeos e memes de Bolsonaro e Jefferson lado a lado passaram a ser compartilhados juntamente a *posts* sobre a fome, a inflação, a redução do poder de compra do povo brasileiro, a necessidade do reajuste de salários e aposentadorias para uma existência social, econômica e humanamente mais justa e digna. O sucesso da *hashtag* #BolsonaroNãoMexaNoMeuSalário foi, nesse sentido, altamente significativo. Por outro lado, o tão falado exílio pós-eleitoral de Bolsonaro nos Estados Unidos poderia ter sido ignorado. Sem muito esforço, simplesmente marcando uma distância física e gerando expectativa com relação a seu retorno ao país (datas que mudam, visto que vence e não vence), Bolsonaro conseguiu ocupar a mídia, ofuscando, graças a quem corria atrás de seus "feitos", o trabalho do governo Lula.

Tudo isso mereceria uma análise mais ampla e profunda, mas a tarefa ultrapassa os objetivos desta obra. O que agora me interessa é abordar outro aspecto, que concerne, em particular, ao *como* falar, e que toca diretamente a matéria do livro que você tem em mãos: o elo entre encanto e política. Para isso, precisamos voltar a Janones. Mais uma vez: assim como no caso de Felipe Neto, não me interessa a figura de Janones em si, nem o conjunto de sua atuação nas redes, já amplamente discutido em âmbito acadêmico e jornalístico. Interessa-me reforçar, a partir desse episódio, minha tese a respeito da centralidade do maravilhamento na cena política e no debate público contemporâneo.

Não há dúvidas: após sua *live* no Templo de Salomão sobre os elos de Bolsonaro com a maçonaria, Janones se tornou um dos protagonistas de uma campanha que assumiu cada vez mais os tons de uma verdadeira disputa de magia política. E não apenas pelo fato de que os temas discutidos, em muitos casos, diziam respeito a assuntos "mágicos" — religião, maçonaria, entre outros —, mas também pelo modo como o deputado e seu entorno contaram as histórias que contaram.

Em dado momento, Janones deu a entender, através de uma série de postagens em suas redes sociais, que estava em posse do celular de Gustavo Bebianno, ex-ministro da Secretaria Geral da Presidência da República do governo Bolsonaro, com quem o ex-capitão havia publicamente rompido. Falecido em março de 2020, Bebianno afirmou, em 2019, ter guardado material sobre Bolsonaro, pois se sentia ameaçado por ele. Após sua morte, o celular do ex-ministro se tornou um objeto de desejo e um catalisador de fantasias públicas, todas envolvendo segredos e mistérios do clã Bolsonaro, seu protagonismo em esquemas de corrupção e suas relações com as milícias do Rio de Janeiro e outros grupos criminosos.

Ao lado de Paulo Marinho, suplente de Flávio Bolsonaro no Senado e ex-aliado de Jair, Janones aludiu diversas vezes ao conteúdo supostamente explosivo do celular de Bebianno. O assunto concentrou as atenções das redes e da mídia tradicional, chegando ao ápice em 28 de outubro de 2022, dia do último debate entre Lula e Bolsonaro na Rede Globo. Na ocasião, Marinho publicou outro vídeo de Bebianno, com a seguinte legenda: "A noite promete. E conhecereis a verdade e a verdade vos libertará", um dos lemas mais usados por Bolsonaro. Nos dias seguintes, Janones revelou se tratar de uma história inventada: "Vou soltar o celular tá. OTÁRIOS! kkkkkkkk", afirmou, via X, às 20h19 de 30 de outubro de 2022, quando a vitória de Lula já havia sido decretada.

Suspense, mistério, revelações que iam sendo divulgadas aos poucos, em pílulas, quase como se o caso Bebianno fosse uma série de televisão prestes a estrear, cujos *teasers* e *trailers* estavam sendo lançados nas mídias sociais. Moralmente justa ou não, a história do celular do ex-ministro de Bolsonaro representou, antes de tudo, uma maneira diferente de abordar um tema que até então vinha sendo tratado de maneira convencional (com algumas exceções, como a plataforma Bolsoflix, que reunia vídeos com declarações do ex-presidente sobre temas diversos):[69] a suposta integridade de Bolsonaro, teoricamente alheio a qualquer esquema de corrupção. Muitos, naqueles dias, ficaram envolvidos na trama tecida por Janones e Marinho, perguntando-se se ele havia de fato tido acesso ao telefone.

A disputa entre Janones e Bolsonaro mostra o quanto a maravilha é e deve ser considerada, hoje, um verdadeiro objeto de valor político. No entanto, canalizar a magia no discurso "contra" não é suficiente. O caso Janones revela, aqui, os seus limites. A magia há de permear também o "a favor", as pautas, os projetos, os anseios políticos pelos quais se luta. A maravilha e o sonho são terrenos a serem reconquistados e reinventados com novas histórias. Em certa medida, as eleições presidenciais brasileiras de 2022 provaram também esse ponto. Quando, no final do segundo turno, os atores da série de filmes *Os Vingadores* — Samuel L. Jackson, Mark Ruffalo, Robert Downey Junior — manifestaram apoio a Lula via X com a *hashtag* #NemTodoHe-

---

69 "Bolsoflix, site de conteúdo anti-Bolsonaro, tem origem oculta", *Poder 360*, 16 maio 2021.

róiUsaCapa, estavam disputando e reinventando a maravilha (e, após o uso de um *blockbuster* como *Matrix* por parte da extrema direita internacional, o posicionamento dos Vingadores em prol de um projeto político oposto é um fato mais que relevante).[70] Quando a campanha do presidente eleito destacou termos como "primavera", "esperança", "união", "reconstrução" e "futuro", estava disputando e reinventando a maravilha. Quando, no dia da posse, perante a recusa de Bolsonaro em entregar-lhe a faixa presidencial, Lula subiu a rampa ao lado de representantes do povo brasileiro, estava reinventando a história do país, construindo e concretizando, ao vivo, uma nova utopia política — sem nenhuma menção a Bolsonaro, sem deixar que sua ausência se tornasse, de algum modo, presente.

Desconstruir as narrativas dominantes é fundamental, mas igualmente importante é ocupar o debate público com pautas próprias, e fazê-lo de maneira cativante. Quem acompanhou de perto as redes bolsonaristas sabe que, ao lado das ofensivas constantes contra os inimigos, os ativistas da extrema direita brasileira — a começar pelo próprio Bolsonaro — publicavam cotidianamente listas copiosas de conteúdos positivos, destacando as ações e as supostas conquistas do governo do ex-capitão. Essas listas, em diversos casos, incluíam mais de quarenta itens, dando a impressão de uma avalanche de comprometimento e realizações. Se acrescentarmos a isso o fato de que, como dizia Umberto Eco (2010), a lista é uma estratégia discursiva capaz de propiciar uma experiência vertiginosa, teremos um quadro mais completo de sua eficácia, tanto no plano cognitivo quanto na dimensão sensível da comunicação.

A pauta é um terreno e uma arma de combate, defende Fabiana Moraes (2022, p. 12) a respeito da necessidade de mudar os temas e as práticas da escrita jornalística, que, em nome de

---

70 "Vingadores voltam e fazem postagens pró-Lula a dois dias da eleição", *Splash*, 28 out. 2022.

uma suposta objetividade, tende a desumanizar os sujeitos dos quais fala. Vale também para o discurso político. É preciso criar histórias e novas maneiras de contar histórias, envolver, criar pertencimento, transformar em assuntos políticos aqueles que, normalmente, não são considerados como tais, fazer da maravilha um terreno de luta política e da política um instrumento de maravilha. Alguns passos foram dados nesse sentido. Contudo, a comunicação de governos, ministros e integrantes das frentes amplas eleitas para conter a deriva antidemocrática da extrema direita parece ainda, em certa medida, inadequada. Individual ou coletivamente, eles têm reproduzido e contribuído para corroborar as lógicas narrativas e algorítmicas das redes, fundadas na promoção de polêmicas que, para as esquerdas, aparentam gerar mais indignação pontual que engajamento duradouro — exatamente o que as plataformas querem.[71] Ou, pior, têm sido excessivamente frios, apáticos e pragmáticos, como o presidente dos Estados Unidos, Joe Biden, que optou por um tom demasiadamente realista, não sabendo traduzir, ao longo de quase todo seu mandato, iniciado em 2021, os anseios de ruptura e esperança do povo norte-americano. Nem mesmo as conquistas político-econômicas (inflação baixa e menor taxa de desemprego dos últimos cinquenta anos) foram capazes de projetar a sua figura e o Partido Democrata como promessa de um futuro melhor. Enquanto isso, Donald Trump, apesar de ter sido indiciado em diversos processos judiciais, continua ganhando espaço nas mídias sociais com seus gritos, insultos e piadas, e as mídias sociais continuam crescendo graças à sua conduta.

Talvez por isso, além e antes mesmo da experiência on-line, seja ainda mais urgente e necessário repensar e valorizar a experiência e as interações políticas físicas, cara a cara, cuja estrutura afetiva pode subverter a dos algoritmos das mídias sociais, den-

---

71 "Boletim do fim do mundo. Desinfluência. Pós-propaganda na perfilândia", Estúdio Fluxo, 1º mar. 2023.

tro das quais somos obrigados a jogar, mas onde não podemos ficar presos. Sim, é preciso estar nas redes, disputar narrativas, entender como e quando se posicionar, tecer a cada dia novas tramas discursivas. Mas é também necessário estar presentes em carne, pele e osso, uns aos outros, às outras, no aqui e no agora. Como argumentei nos primeiros capítulos, as fantasias de conspiração respondem, entre outras coisas, a um desejo de contato, de construção de vínculos comunitários. A extrema direita entendeu isso como ninguém. Não por acaso, foram movimentos, líderes e partidos de extrema direita que, na última década, dentro e fora do Brasil, ocuparam as avenidas e as estradas e levantaram acampamentos, construindo pontes entre as ruas e as redes e conferindo outra materialidade ao processo político.[72]

Pouco antes dessa apropriação, no começo dos anos 2010, movimentos como a Primavera Árabe, o Occupy Wall Street, o 15M espanhol, além de eventos mais circunscritos, como o "churrascão da gente diferenciada" — organizado para protestar contra a decisão do governo do estado de São Paulo de não abrir uma estação de metrô em um cruzamento "nobre" do bairro de Higienópolis, na capital[73] —, haviam procurado dar uma resposta a essa demanda de união que surgia em oposição ao individualismo exacerbado pelo capitalismo neoliberal. Trata-se de episódios conhecidos e estudados, momentos e movimentos de "corpos em aliança", como os definiu a filósofa Judith Butler (2018). Entretanto, tiveram vida breve. Por isso, prefiro contribuir com o debate relembrando um caso menos famoso e mais longevo, no qual talvez possamos nos inspirar.

Estou falando do Teatro Legislativo, de Augusto Boal, implementado durante seu mandato como vereador no Rio de Janeiro no início dos anos 1990. O projeto é descrito no livro homô-

---

72 Sobre esse assunto específico, ver a fala de Bruno Torturra em "Junho de 2013: consequências políticas", *Café da Manhã*, 20 jun. 2023.

73 "Protesto em Higienópolis tem catraca, churrasqueira e varal", *G1*, 14 mai 2011.

nimo, publicado em 1996 e reeditado em 2020. Em 1998, a editora Routledge lançou a tradução em inglês, com um título ainda mais impactante: *Legislative Theatre: Using Performance to Make Politics* [Teatro legislativo: usando a performance para fazer política]. O Teatro Legislativo consistiu na teatralização de problemas e desejos das comunidades cariocas. Com a ajuda da equipe de Boal, os moradores dramatizavam seus incômodos e anseios, transformando-os em espetáculos protagonizados por eles mesmos. Sucessivamente, as apresentações eram traduzidas em projetos de lei a serem apresentados à Câmara Municipal do Rio de Janeiro. Diversas foram as leis que a equipe de Boal escreveu e conseguiu aprovar, naqueles anos, a partir dessa prática: leis que resolveram problemas concretos das comunidades e que, ao mesmo tempo, fizeram com que as pessoas se aproximassem da política, da política no sentido mais estrito do termo, relativo às tomadas de decisão por parte de quem nos governa, mas não só. Olhando para a experiência do Teatro Legislativo a partir dos anos 2020, o mérito de Boal e sua equipe parece ter sido outro, e maior: relembrar que a política tem seus encantos, e que o encanto também é política.[74]

---

74 A pesquisa de David Nemer (2022) sobre a resistência das comunidades cariocas aos mecanismos de opressão política, social, econômica e tecnológica, centrada na subversão das lógicas e na apropriação das mídias digitais, reinseridas no contexto da vida real, aponta para caminhos parecidos.

reencantar-se

Relembrar que a política tem seus encantos, e que o encanto também é política. As palavras que acabo de escrever apontam para uma contradição. Sinto um hiato entre a forma e o conteúdo deste livro, as ideias e a maneira como as estou apresentando. Defendi até agora que é necessário reapropriar-se da dimensão mágica da política, fazer da maravilha um campo de disputa e um princípio de ação. Mas isso não deveria valer também para a crítica — para a mesma crítica que eu estou fazendo neste ensaio? Não deveria este texto seguir o mesmo caminho, ou ao menos refletir abertamente sobre a forma e os moldes de sua escrita? Como falar da necessidade de sensibilizar e reinventar o discurso político sem problematizar essa questão em meu próprio discurso?

Tenho ainda um capítulo para escrever e o tema que escolhi abordar me obriga a encarar de frente esse assunto. Preciso abrir o jogo, revelar meus impasses e desejos, o que está por trás das palavras impressas na tela diante dos meus olhos, dos dedos que apertam os botões do teclado. Preciso de um modo — de outro modo — para repensar aquilo que escrevi nos capítulos precedentes e falar daquilo que ainda resta para falar: o reencantamento. Um modo que seja minimamente coerente com as premissas, as teses e os objetivos deste livro, em que possam conviver razão e sensibilidade, argumentos e desejo, crítica semiótica, magia e ação política. Será isso possível?

— Imagine se agora esse livro virasse um romance, ou um conto, um trecho de um conto.

— Oi?

— Mudasse de gênero.

— Em que sentido?

— Passasse para a escrita literária.

— Assim, do nada?

— Sim.

— Mas para quê?

— Então...

— Vamos tomar mais uma?

— Pode ser.

— Vê mais uma cerveja, por favor?

— E uma água.

— Cara, desculpa te cortar, mas, se a tua ideia é surpreender, fazer algo diferente, original, sei lá o quê, não é esse o caminho. Já foi feito, e muito, especialmente nos últimos anos, e você sabe.

— Eu sei...

— "Não ficção criativa", "romances de não ficção", "ensaio narrativo" e tantos outros gêneros mistos cujos nomes nem recordo. E não vou nem citar autores e obras, ou vamos ficar aqui até de madrugada.

— Os "Objetos Narrativos Não Identificados", segundo a definição do coletivo de escritores italiano Wu Ming, que misturam ficção e não ficção, ensaio, romance, crônica, documentos, notícias...

— Exato.

— Aliás, *La Q di Qomplotto*, de Wu Ming 1, que já citei muito aqui, faz exatamente isso: no final, se torna um livro de ficção. O autor desmonta e remonta a genealogia do QAnon por meio de uma conversa fictícia entre ele, Belbo e Diotallevi, protagonistas de *O pêndulo de Foucault*, de Umberto Eco, um dos melhores textos sobre conspiracionismo jamais escritos, na minha opinião. E numa virada de página é como se estivéssemos no meio de um romance, num *spin-off* do livro de Eco que é ao mesmo tempo uma metarreflexão sobre a escrita, o ensaio, a literatura, os gêneros textuais, seus confins, as sobreposições entre um e outro.

— Mas no caso de *La Q di Qomplotto* tem uma razão para isso: na primeira parte do livro, Wu Ming 1 faz uma crítica aos *debunkers* de carteirinha, aqueles que querem "curar" os teóricos da conspiração com raciocínios lógicos irrefutáveis, dados e fatos nus e crus.

— Estratégia ineficaz, diz ele.

— Sim, porque soa esnobe e arrogante. E, pior, é fria, no sentido de que não cativa, não mexe nos ânimos das pessoas, e se não mexer nos ânimos já era, as pessoas vão continuar acreditando naquilo que acreditam, por mais absurdo que pareça.

— Ou talvez por isso mesmo, porque o absurdo encanta, em certa medida...

— Pois é, mas o que quero dizer é que, no percurso traçado por Wu Ming 1 em seu livro, faz sentido seguir com a desconstrução do QAnon em forma de romance: o que ele quer é dar ao *debunking* uma aura de magia, envolver o leitor, "desmontar encantando", ou "encantar desmontando", escolhe aí sua fórmula. Há muita coerência nisso.

— Absoluta.

— E a hibridação de gêneros e técnicas ficcionais e não ficcionais deve ser justificada, ter congruência com os temas e os escopos do livro. Não pode ser um mero exercício de estilo. Qual o sentido de fazer isso aqui, agora, no fim deste livro?

— Bom, este último capítulo é sobre a necessidade de se reencantar, individual e coletivamente, para fazer frente ao conspiracionismo de extrema direita que nos assombrou ao longo da última década e que ainda está aí, mais vivo do que pensamos. Então, por que não falar de reencantamento de um jeito mais encantador, alternando ficção e não ficção? Na esteira de Wu Ming 1, por que não encenar um diálogo entre dois personagens que crie um outro universo, um terceiro espaço narrativo onde a realidade se confunde com a fantasia, e vice-versa? E não só a realidade do mundo que estamos discutindo, mas a própria concretude deste livro, a materialidade da escrita, das palavras que estou usando para contar essa história.

— Reencantar encantando, é esse seu objetivo?

— Isso, mais ou menos.

— Um tanto ambicioso, não acha?

— Me preocupa mais que soe meloso e egocêntrico.

— Tem esse risco.

— O que você sugere, então?

— Pare, volte ao que você estava fazendo antes.

— Não consigo. Acho que essa mudança de gênero e vozes é antes de tudo uma questão pessoal, uma espécie de processo terapêutico. Na verdade, não comecei a escrever isso porque queria fazer sei lá qual experimento literário. Nem estava querendo surpreender o leitor. Comecei a fazer isso por mim, porque talvez seja eu, em primeiro lugar, que queira e precise se reencantar.

— A escrita acadêmica não te encanta mais?

— Isso é outro papo.

— Quer falar a respeito?

— Não, vai ficar para outra vez. A questão aqui é outra: para enfrentarmos os feitiços da extrema direita, a escrita acadêmica não basta.

— Nem o ensaio?

— Olha, eu tinha escrito este capítulo na mesma toada dos outros, talvez um pouco mais solto, com menos referências, mais curto. Mas alguma coisa me incomodava, me empurrava para outro lugar. E comecei a reescrevê-lo assim, como se fosse um livro de ficção, usando a técnica do discurso direto, o recurso de dar voz aos personagens, eu e você, no caso.

— Vê mais uma, por favor?

— Obrigado.

— Continua.

— De certa forma, era como se a forma ensaio estivesse falhando, para mim, ao menos, neste último capítulo. Parecia que não cumpria mais suas funções: não satisfazia totalmente o meu desejo de reencanto e havia deixado de desempenhar a tarefa que eu lhe havia destinado: me ajudar a construir uma narrativa minimamente útil para entender e encarar o discurso da extrema direita.

— Ou seja, contra o discurso deles, nem o ensaio é suficiente...

— É uma luta que requer outras linguagens e uma virada afetiva, as duas coisas ao mesmo tempo. Não se combate uma batalha de magia política com um artigo científico, cem notas de rodapé. Não se sai de anos de tamanha alucinação com uma boa bibliografia, dados e raciocínios que mostram as falácias do movimento antivacina, do QAnon, do marxismo cultural etc.

— De fato, foram anos duros...

— Ainda são.

— Mas Lula venceu em 2022, e Bolsonaro foi declarado inelegível. Muita gente foi presa ou está sendo investigada pela tentativa de golpe de 2023, sejamos um pouco mais otimistas, vai...

— Sim, e foi uma vitória e tanto, mas não podemos baixar a guarda. Ou você acha que o que aconteceu se resolve ganhando uma eleição, ou tornando alguém inelegível? Veja todas as fantasias de conspiração que surgiram e estão ressurgindo por aí: conivência de governos e ministros progressistas com o crime organizado, substituição étnica, ideologia de gênero...

— Realmente...

— E esse livro nem é só sobre o Brasil. É verdade que ele se apoia muito em exemplos extraídos do contexto brasileiro, mas levanta problemas gerais, que concernem também a outros países. Milei na Argentina, Ventura em Portugal, Meloni na Itália. Em Roma estão fazendo saudações fascistas na rua. Cara, tá pesado isso aí.

— Ok, mas estamos fugindo novamente do foco da conversa. Você falou agora há pouco que para enfrentar o discurso da extrema direita precisamos de outras linguagens e de uma virada afetiva. O que isso significa?

— Significa que, diante da dureza dos eventos que presenciamos — Trump, Bolsonaro, pandemia, extremos climáticos, guerras, genocídios, Orbán, Meloni e Salvini —, nós também endurecemos.

— E daí?

— E daí que nos tornamos exageradamente frios, pragmáticos e racionais. E outra: nos deixamos sugar pelo medo, pela raiva e pelo ódio propagados pela extrema direita. Jogamos dentro de seu campo de afetos, usamos e continuamos usando as paixões erradas para combatê-la.

— Tipo?

— A indignação, por exemplo, e o repúdio. A cada disparate deles respondemos com desgosto, consternação, repúdio. Soltamos centenas e centenas de notas de repúdio. E serviu para quê?

— Renderam uns bons memes...

— Pelo menos.

— As pequenas alegrias da vida on-line.

— Mas, sério, lembra quando Bolsonaro se fez fotografar comendo pizza em uma rua de Nova York? Acho que foi em setembro de 2021, em plena pandemia.

— Lembro. Como ele não havia se vacinado, não podia acessar o interior dos restaurantes.

— Sim, e o que fizemos diante daquela imagem? Falamos coisas tipo "que vexame", "que absurdo", "estou indignado". Repostamos a foto com essas legendas em nossos perfis de Twitter, Facebook e Instagram.

— O mesmo com o frango com farofa, os moletons, os chinelos, as camisas falsas do Palmeiras...

— E com as comidas de Salvini, que toda hora posta uma *selfie* comendo macarrão, bife à milanesa, Nutella. E a esquerda toda, em coro: "que brega", "que horror", "que vergonha".

— Você também?

— Quem nunca? Já disse lá atrás que este livro é também uma peça de autocrítica, mas, enfim, muito problemático tudo isso.

— Tem a ver com o que você escreveu sobre o suprematismo moral.

— Sim, e com muitos dos pontos que abordei nos capítulos anteriores.

— Quais?

— Primeiro, essas manifestações de indignação querem desvalorizar o discurso do adversário, mas fazem exatamente o contrário: ao negá-lo, o reafirmam, o trazem novamente à tona, lhe dão visibilidade.

— Como no exemplo do Lakoff. Se quero que você não pense no elefante e digo "Não pense no elefante", a primeira coisa em que você vai pensar é justamente no elefante.

— O clássico tiro pela culatra.

— E, afinal, é sempre o adversário a pautar o debate.

— Sim, e tem mais: expressões como "que absurdo" ou "que vexame" usadas para criticar uma pizza na rua são elitistas, revelam uma visão aristocrática da sociedade.

— Não é? Como se fosse necessário agir sempre conforme as etiquetas da política tradicional: vestir terno e gravata, comer em restaurantes chiques.

— Suprematismo estético.

— E ético, como você apontou.

— Combinação fatal.

— Mortífera.

— Lula também já sofreu ataques parecidos, mas vinham dos jornais e da TV. Teve aquela capa do *Globo* com a imagem dele carregando um isopor e o título: "A farofa de Lula".

— Gozado, não?

— Pois é, acho que tem até um provérbio para falar dessas reviravoltas da história, não é?

— Não sei.

— Talvez exista só em italiano, ou em sardo, não me lembro. Mas, enfim, vamos em frente que tem outras coisas que quero te falar.

— Tipo?

— Indignar-se é chato. Como o *debunker* ratiosuprematista do qual falei no Interlúdio, o indignado acaba sendo percebido como alguém que não sabe se divertir. É aquela pessoa que não saca a "espontaneidade", a irreverência ou até mesmo a "comicidade" do líder de extrema direita, seu humor "genuíno", e pode pôr muitas aspas nessas palavras todas.

— "Esses esquerdistas não sabem mais o que é uma piada, levam tudo tão à sério... Não se pode falar mais nada, agora tudo é racismo, homofobia, preconceito, que coisa chata, hein"?

— Total.

— E daí aquele papo contra a ditadura do politicamente correto e a liberdade de expressão sem limites, e por que não posso falar de nazismo...?

— Bem por aí.

— Difícil lutar contra isso.

— Difícil...

— Oi, vê uma água, por favor?

— Boa, que afinal amanhã é segunda...

— É, não dá para bobear.

— Estamos velhos...

— Algo mais sobre indignar-se?

— Sim. Como disse o semioticista italiano Paolo Fabbri, a indignação é uma paixão titubeante e autocomplacente, que pode causar imobilidade. Diz Fabbri: "Estar indignado não é um valor, mas sim uma incerteza sobre o valor [da própria indignação], já que existe, na indignação, uma complacência que diz respeito ao estado de turbamento em que ela nos situa. Um estado no qual não sou obrigado a fazer nenhuma escolha: estou indignado, mas não faço nada para mudar a situação".[75] Infelizmente, tive que abrir uma nota de rodapé, desculpe.

— Tudo bem, acontece. A citação remete a uma paixão estática, ao que parece.

— Uma paixão traiçoeira e paralisante. Satisfaz ilusória e brevemente o seu desejo de reação, te faz acreditar que você está fazendo alguma coisa, mas na real não leva a lugar nenhum.

— E há um certo prazer em se indignar parado, sentado em frente ao computador, ou no sofá de casa, com o celular na mão.

— O tal ativismo de sofá, como foi chamado. Gozamos com essa descarga emotiva pontual e deixamos de praticar outros afetos, paixões mais positivas e potencialmente revolucionárias. Parece que isso nos basta, ou ao menos nos bastou. Com certeza é o que basta às plataformas. No fundo, o que elas querem é que tudo surja e pare por aí. Que pare, sobretudo.

— Também já fiz isso.

— Tá desculpado.

— Ainda bem.

— Sabe, nesse sentido me parece que há um vínculo entre a explosão das redes e toda essa indignação que eclodiu por aí nas últimas duas décadas. Diria que não é casual que a indignação tenha se tornado a paixão política de nosso tempo, o tempo das mídias sociais, onde tudo anda tão rápido e parece se transformar a todo momento, mas, no fundo, nada se mexe, nada muda. A indignação e as redes têm o mesmo ritmo, viajam nas mesmas frequências: promovem picos de tensão, mas param neles, nos prendem neles, nos viciam neles. O que importa não é a mudança, mas a ilusão da mudança. É isso: a indignação digital é a paixão da ilusão da mudança.

— Como em *O Leopardo*, aquele romance de Tomasi de Lampedusa sobre as tentativas de manutenção do poder por parte da

---

75 "Valore, dignità e indignazione: conversazione con Paolo Fabbri", *Semiobo*, 30 out. 2014.

aristocracia siciliana na transição do Reino Bourbónico para o Reino da Itália: "Tudo deve mudar para que tudo fique como está".

— As camuflagens do capitalismo reacionário.

— Exato. Tipo Elon Musk e sua batalha aparentemente progressista para que todos possam postar no Twitter, ou X, tanto faz, o que lhe passa na cabeça. E as pautas iliberais correndo soltas por trás do véu dessa falsa luta pela liberdade.

— Ah, um último ponto: manifestar indignação dessa forma é também um pouco ridículo. É ridículo, por exemplo, desmentir com rigor científico e argumentos minuciosos notícias falsas como aquelas sobre as melancias contaminadas com o novo coronavírus que os chineses teriam supostamente enviado para o Brasil. Apareceu em uma das pesquisas do projeto Coronavírus em Xeque, do qual participei junto às minhas colegas de Recife. Uma tentativa de desconstruir notícias falsas e lutar contra a desinformação com pequenos áudios de WhatsApp.

— Me lembrei de uma fala de Gregório Duvivier sobre a fake news da "mamadeira de piroca", que Fernando Haddad, candidato do PT à presidência nas eleições de 2018, supostamente distribuiria nas escolas caso tivesse sido eleito. Acho que foi numa entrevista que ele deu à *Veja*. Aqui, achei: "Cada vez que vai desmentir uma fake news, [a esquerda] piora ainda mais a situação. Explicar que não existe a tal mamadeira de piroca que seria distribuída nas escolas na hipótese de um governo petista, notícia falsa que circulou nas eleições presidenciais, é ainda mais ridículo do que inventar que existe algo assim no planeta. Essa é a armadilha do humor bufão: ele arrasta todo mundo para o seu nível. E o outro lado frequentemente se dá mal".

— Por isso precisamos nos livrar não só das presas narrativas do adversário, como defendi nos capítulos anteriores, mas também daquelas afetivas. É necessário alegrar-se, como fizeram os chilenos que votaram pelo "não" à ditadura em 1988. É hora de rir, sorrir, experimentar outros humores, em todas as acepções do termo.

— Chegamos ao riso.

— E à sua relação com a política.

— Umberto Eco, mais uma vez...

— Sim, Eco. O riso é um tema central da obra dele.

— E de sua vida em geral.

— Vou te contar uma história. A primeira vez que estive com ele cara a cara foi num congresso da Associação Italiana de Estudos Semióticos. Por acaso ele se sentou perto de mim no ônibus que ia nos levar ao jantar do evento. Um trajeto de quinze minutos, mas eu era um jovem de 24 anos que tinha acabado de se formar, e ele, Umberto Eco. Imagina o frio na barriga. Mal consegui falar boa noite...

— E ele, conversou com você?

— Me contou uma piada péssima.

— Qual?

— Era assim: "Sabe como chama...". Ah, deixa para lá. Não vale a pena.

— Sério?

— Sério.

— Tá me devendo essa piada.

— Enfim, voltando ao riso... Eco sempre disse que o riso é um território de disputa política, pois o riso nos transforma, nos leva a questionar hierarquias, desejar outros mundos. Claro, ele não foi o único a falar disso, mas o fez de modo inusitado para um acadêmico. Tratou do assunto não em sua produção científica, mas em sua obra literária. Dizia que não seria capaz de escrever um tratado filosófico sobre o riso, e que é melhor narrar em forma de romance as coisas sobre as quais não se consegue argumentar.[76] Fácil, se você é Umberto Eco...

— Por isso escreveu *O nome da rosa*?

— Sim. A trama do livro gira em torno da decisão, por parte das autoridades religiosas de uma abadia medieval, de esconder o

---

76 Sobre esse assunto, ver o trabalho de Claudio Paolucci (2017).

segundo tomo da *Poética* de Aristóteles, que teria supostamente se perdido. Segundo a lenda, o filósofo grego teria dedicado essa obra ao riso e seus impactos sociais. Por isso, os abades, liderados por Jorge de Burgos, querem mantê-la oculta: a leitura poderia despertar dúvidas sobre a legitimidade dos dogmas cristãos, as condutas impostas pela Igreja, e quem sabe gerar uma revolta.

— Ok, mas qual o nexo com este livro aqui?

— O nexo, meu caro, é que, na nossa luta contra a extrema direita, temos pensado e agido muitas vezes como os abades de *O nome da rosa*.

— Meio forçado isso aí...

— Calma, deixa eu terminar. O que estava pensando é que, diante da escalada desses bufões da política que usam chinelos, se entopem de leite condensado e se disfarçam de super-heróis libertários, poderíamos ter respondido de maneira mais astuta e divertida. Mas não. Em vez disso, nos transformamos em um exército de Jorge de Burgos, em chatos cujo maior prazer foi e parece ainda ser criticar a diversão dos outros.

— Continuo achando exagerado.

— Mas vai exatamente na linha do que estávamos dizendo agora há pouco. O que seria Jorge de Burgos se não um grande estraga-festas, o maior dos furadores de bexigas?

— Um suprematista ético e racional?

— Sim, que julga e tolhe os prazeres do povo, como o *debunker* que desmonta fake news e fantasias conspiratórias, que critica a cultura e o imaginário de quem acredita nessas coisas, que não ri das coisas que todo mundo ri.

— Perigoso esse papo. Daqui pra passar pano em piada homofóbica, racista, machista, é um dois...

— Tá, mas isso não nos deve impedir de refletir sobre os elos entre riso e política, os afetos e as paixões envolvidos nessa trama, os erros e os acertos que temos feito a respeito disso, mudar de estratégia quando necessário.

— Ok, mas então acho que está sendo no mínimo injusto.

— Por quê?

— Porque muito trabalho foi feito nesse sentido, principalmente na campanha de 2022. Tem muita gente que entendeu isso e se mobilizou para mudar a estratégia, bolar um discurso menos sério, mais irônico, usar memes e outros recursos da estética das mídias sociais, sem querer necessariamente imitar o estilo excessivo e agressivo do adversário. Se Lula foi eleito é também por causa disso.

— Sem dúvida.

— Veja o caso de Geraldo Alckmin, por exemplo. Ele tem se apropriado bem das linguagens das redes, sem extrapolar. Posta o meme do Pikachu surpreso, mas de vez em quando. Veste um chapéu de rapper, mas continua usando terno. Tem sido uma comunicação bem dosada, jocosa, mas sem os exageros típicos da extrema direita.

— Agora até o Alckmin é um cara de esquerda...

— Pois é. Mas o ponto é que a situação melhorou bem.

— Melhorou, mas não exageremos pelo outro lado. Do jeito que você está falando, parece que devemos tudo às redes sociais, ou pior, que elas seriam uma ferramenta de emancipação política e social. Tudo bem, temos que estar lá, ocupar esse espaço, construir ecossistemas, mas não é com elas que vamos mudar as coisas. E olha, mesmo nas redes teve também muita coisa ineficaz, como certas peças do projeto "Brasil contra Fake", que analisei no capítulo "Sensibilizar". Aliás, espero ter me explicado bem.

— Não me lembro dessa parte.

— Como assim, não lembra?

— Não lembro mesmo.

— Tá lá naquele capítulo, tenho certeza de que escrevi. Depois você volta e lê.

— Tá bom.

— E ainda seguimos respondendo às façanhas da extrema direita com expressões parecidas com aquelas que citei antes: "olha que ridículo", "nossa, que absurdo". Mesmo depois da eleição teve quem zombasse dos evangélicos dizendo que a fala em línguas era um tipo de fala esquisita. Cara, não dá.

— Reativos, altivos e pouco criativos.

— Precisamente. Ao ódio rebatemos com ódio, à raiva com raiva, ao rancor com rancor, lá do alto de nosso pedestal intelectual.

— De fato. Inclusive com os arrependidos, aqueles que haviam votado na extrema direita, mas voltaram atrás porque conseguiram enxergar a deriva autoritária do movimento. Lembro que uma mulher negra, mãe solo, faxineira, periférica foi xingada no Twitter porque alguém descobriu que tinha ido de Bolsonaro em 2018.

— O Twitter, cara... agora é X, já falamos, acho.

— Pois é.

— Como tudo isso tá ligado aos algoritmos e à sua lógica perversa.

— Pelo visto a conversa vai longe, não tenho esse tempo todo, não.

— Mas vale discutir rapidamente um ponto.

— Tem a ver com o que estamos falando agora?

— Tem.

— Tá bom então.

— Veja bem, as mídias sociais promovem o acirramento emocional do debate público, até porque ganham dinheiro com isso. Isso é comprovado. Basta ver o artigo de Soroush, Roy e Aral, na bibliografia, entre outros. Um exemplo: das tantas notícias sobre os antivacinas que percorreram o *feed* das bolhas progressistas durante a pandemia, as mais clicadas foram aquelas que sublimavam seus rancores e desejos de vingança. Tipo essa aqui: "Fora negacionista! Vídeo mostra pai expulso da escola após se recusar a usar máscara", publicada pela *Mídia Ninja*.

— Passou no meu também.

— Tá vendo? Ora, me pergunto: o que ganhamos com notícias como essa? É com elas que vamos enfrentar o discurso de ódio da extrema direita? É com elas que vamos ganhar essa batalha?

— Não.

— Também acho. Pior ainda: compartilhando esse gênero de *posts* caímos em duas armadilhas: na armadilha de nosso adversário, que quer nos arrastar para o campo discursivo e afetivo que ele mais domina, e na armadilha das redes, que monetizam com a polarização e nos sugam dentro de seu vórtex afetivo-financeiro, inibindo de cara processos mais profundos de mudança. E o que recebemos em troca? Uma faísca de regozijo. Uma massagem no ego em forma de *like*.

— Como no caso daquele vídeo em que um ator pornô fazia sexo oral em outro ator pornô e todo mundo falando que era o Nikolas Ferreira. Falso, como foi devidamente comprovado, mas quanta gente acreditou e gostou de ter acreditado, curtido, repostado, encaminhado para seus grupos...

— Então, como as pessoas acham que fazer isso pode ajudar na luta contra os extremistas de direita? Como não percebem quão prejudicial pode ser para a comunidade LGBTQIA+? Não é por aí, concorda?

— Sim.

— Então, tá.

— Beleza, mas ainda não entendi o lance do reencantamento. O que você quer dizer exatamente quando diz que para lutar contra a extrema direita precisamos nos reencantar?

— Já chego lá.

— Acelera.

— Saideira?

— Não sei.

— Pensa aí.

— Água com certeza. Mas fala, a saideira a gente vê depois. Estou cansado, semana intensa.

— Enfim, reencantar-se. Vamos aos poucos. Primeiro: se precisamos nos reencantar é porque estamos, em alguma medida, desencantados. E é disso que falamos até agora: desencanta-

mento, frieza, excesso de racionalismo, sentimentos ruins...
Tudo certo até aqui?

— Certo, mas isso até 2022, depois não foi tão grave assim.

— Sim e não. Demos agora mesmo alguns exemplos de como isso se perpetuou mesmo após a derrota de Bolsonaro, e isso sem considerar tudo o que continua acontecendo mundo afora. Mas deixa eu voltar um pouco e tentar juntar as pontas desse raciocínio.

— Tá.

— O impeachment de Dilma em 2016, Trump, Bolsonaro, o recrudescimento do neoliberalismo, a uberização do trabalho e da vida, a covid, as mortes, as sequelas, o distanciamento social. Nesses anos todos, nadamos em um mar de medo e impotência. Nos acostumamos com a tristeza, caminhamos junto com ela, aprendemos a conviver a seu lado.

— E aí?

— Calma.

— Ok.

— Quando a pandemia deu os primeiros sinais de recuo, entramos em uma nova fase: o tal do "novo normal".

— O "novo normal", que coisa esquisita, né?

— Voltamos a ter contatos não mediados por telas, com um certo alívio, claro, mas com o medo ainda vivo em nossos corpos. Enquanto isso, as fantasias de conspiração mais esdrúxulas — sobre o vírus, o globalismo, o marxismo cultural — seguiam correndo soltas nas redes.

— Ainda não entendi aonde você quer chegar com isso tudo, mas, se me permite um parêntese: que expressão infeliz essa do "novo normal". Insuportável, ainda bem que ninguém mais fala.

— Também sempre me incomodou.

— Total. E não porque não fosse justo, diante do que aconteceu, voltarmos ao convívio social com os devidos cuidados: tomando as vacinas, usando máscaras, mantendo o distanciamento quando preciso...

— Sim, sobre isso não se discute.

— Afinal, toda vez que a humanidade aprendeu a lidar com novos vírus e bactérias foi isso que aconteceu: mudamos nossos hábitos. Após as epidemias de cólera, passamos a ter mais cuidado com a água que tomávamos. Para fazer frente ao HIV, começamos a usar camisinha. Coisas como essas, que antes julgávamos estranhas, tornaram-se normais.

— E que bom.

— Sim, que bom. Mas não era isso que me irritava. O que me irritava e ainda me irrita é o sentido de finitude e renúncia que o termo "novo normal" carregava. Como se aquele presente pós-pandêmico fosse já dado, escrito, e não houvesse possibilidades de ajustes, invenções, combinações não previstas.

— Bem isso.

— Acrescentamos dois ou três itens ao nosso velho cotidiano, máscaras, álcool em gel, luvas, e por isso nos demos o direito de chamá-lo de "novo".

— E com isso parece que ficamos em paz com a consciência, sem ver ou querer ver que o mundo continua acabando pelas mesmas razões de sempre: mudanças climáticas, neoliberalismo, antropoceno, capitaloceno e esses conceitos todos que servem basicamente para renomear o apocalipse.

— Aliás, você viu que "novo normal" está sendo usado agora para falar dos eventos climáticos extremos? Inundações, enchentes, ciclones, secas, incêndios, temperaturas cada vez mais altas, ou baixas.

— Não sabia, mas não me surpreende.

— Mesmo termo, mesma atitude.

— Atitude resignada, fatalista, individualista. É isso aí: acostumem-se, conformem-se, é o que temos, não tem o que fazer, não depende de nós, ninguém é realmente responsável. O "novo normal" climático caiu do céu (literalmente), está aqui, o que nos resta é aceitá-lo.

— Bora se virar, gente, cada um por si: eis o pior do capitalismo, ou melhor, da cultura do narcisismo capitalista.

— Pois é, a pandemia e todos os eventos climáticos extremos pelos quais passamos nos últimos anos... Faz tempo que deveríamos ter virado esse mundo do avesso, pensando e agindo coletivamente para reinventá-lo, mas parece que só conseguimos fazer isso: normalizar. Normalizar o que há de pior. E podemos fechar o parêntese, ou vamos fugir muito do tema.

— Mas isso não é nem um pouco alheio ao que eu estava dizendo. Aliás, tem tudo a ver com o que eu ia falar em seguida.

— Ah, é?

— Sim. O que ia comentar quando você me interrompeu é o seguinte: mesmo derrotada nas urnas, a extrema direita seguiu, segue e vai seguir promovendo ódio, ira, repulsa, pânico e desespero em suas bolhas, grupos de compra e venda, grupos de pais, de bairros, de condomínios. Veja a enxurrada de fake news divulgadas durante o desastre político-ambiental do Rio Grande do Sul.

— Teve aquela imagem falsa do helicóptero da Havan resgatando pessoas, feita com alguma inteligência artificial.

— E muita gente, novamente: "que ridículo", "que absurdo", "olha quantas falhas", "os telhados das casas achatados", "como alguém pode acreditar nisso?".

— Ou aquelas imagens das doações que não chegavam porque o governo federal estaria pedindo as notas fiscais nas fronteiras com o Paraná e Santa Catarina.

— E passamos dias e dias desmentindo o absurdo, mais uma vez.

— Deixando de falar do que realmente importa: o que devemos fazer nessas horas enquanto membros de uma coletividade, de um país, de um estado; definir responsabilidades; aplicar urgentemente políticas ambientais em todos os níveis etc.

— Dureza.

— Também não tem como deixar passar essas coisas.

— Sim, é meio que um beco sem saída.

— Às vezes me parece que o que eles querem é exatamente isso: nos sugar dentro desse lamaceiro, onde tudo se perde, se borra, se confunde.

— Às vezes não, sempre.

— O que importa não é nem a fake news em si, quão bem ela é construída, quão verdadeira ela parece, se ela vai levar alguém a acreditar no helicóptero da Havan ou não; o que importa é outro efeito, aparentemente secundário, mas nem tanto: deslocar o foco do debate, fazer com que nos engajemos nas pautas erradas, gastar nossas energias nessa ridícula guerra do ridículo. Monto uma imagem ridícula (que, aliás, para quem já acredita nas fantasias da extrema direita, tem seu valor mítico) e espero que o outro lado (a gente, no caso) perca seu tempo dizendo quão ridícula é essa imagem.

— A gente fica se indignando à toa...

— Mas é esse o problema: para enfrentar essas narrativas precisamos conferir ao nosso discurso outros contornos afetivos. Chega de seguir o roteiro deles, chega de promover indignação vazia. Chega de suprematismo racional, moral, estético. Sejamos mais espertos. Temos que trilhar o caminho que você apontou: dar corpo àquele desejo simples e verdadeiro de mudança, ao anseio genuíno de um mundo melhor.

— Agora sim está sendo meloso...

— Talvez. Mas estava pensando mais em termos de estratégia de comunicação, nem tanto em termos existenciais. Se é que é possível separar as duas coisas...

— De novo, quem atuou direta ou indiretamente na campanha do Lula fez isso.

— Sim, mas tem que ser um plano estrutural, uma operação de longo prazo. Não dá para fazer isso somente em eleições. É verdade, a vitória do Lula derreteu os sentimentos negativos que ainda pairavam sobre nossas cabeças e fez com que desejos como os que você manifestou tomassem finalmente a praça pública...

— Quem foi na cerimônia de posse lá em Brasília disse isso. Parece que ali tudo aflorou, explodiu de vez, os gritos contidos, os sambas no escuro...

— Sim, muito bom, bacana e tal. Mas anos de medo, raiva e anseios reprimidos não se curam com uma conquista eleitoral. As feridas ainda estão abertas. A extrema direita vai continuar a fazer o que sempre fez. E, para fazer frente a isso tudo, precisamos de uma nova sensibilidade. As nossas histórias precisam de sensibilidade. Porque, até agora, parece que fomos um pouco insensíveis no modo como procuramos rebater o discurso deles. Outro dia li em algum lugar que, enquanto a direita foi se tornando cada vez mais radical, a esquerda foi se tornando cada vez mais deprimida.

— Agora sim chegamos ao reencantantamento.

— Até que enfim.

— Quer tomar a saideira?

— Que horas são?

— Dez e cinco.

— Tá, pede aí. E a conta.

— Beleza. Vou ao banheiro. Mas trouxe um trecho da outra versão do capítulo. De repente dá uma lida, são três ou quatro parágrafos em que trato dessas coisas que acabamos de falar.

— A versão ensaio?

— Sim.

— Ok.

———

Talvez tenha sido um mecanismo de defesa um tanto inconsciente, mas desaprendemos a sonhar. Ou, pior, nos contentamos a sonhar com o "normal", novo ou velho, tanto faz. Perante um mundo que normalizava o extremismo e suas histórias surreais, nos tornamos ultrarrealistas, passamos a pensar, falar, agir de modo demasiadamente racional, cínico e pragmático. Normalizamos a ausência de fantasia, deixamos de desejar alto, de querer — ou simplesmente de querer imaginar — um mundo radicalmente outro.

Vivemos uma nova era dos extremos: por um lado, um choque de realidades estarrecedoras — pandemias, fome, guerras, genocídios, precarização da vida e do trabalho, mudanças climáticas, desigualdades de todo tipo —, diante das quais nos tornamos cínicos e desiludidos, assumindo cada vez mais o papel de paladinos dos fatos, defensores da razão acima de tudo; por outro lado, um choque de fantasias conspiratórias delirantes sobre as causas de nossos males. Ao extremismo fantástico dos conspiracionistas de plantão respondemos com um excesso de lógica e realismo. E era natural que fosse assim. O problema é que, absortos nessa luta por um mínimo de veracidade e bom senso, acabamos reprimindo o nosso desejo de imaginação, desistindo de nossa vocação para encantos saudáveis, devaneios outros, utopias possíveis. Entregamo-nos de corpo e alma à batalha do real, e esquecemos de quão importante é disputar a maravilha.

Ainda não saímos desse buraco. E desse buraco só vamos sair se reinventarmos nossos sonhos, afetos e fantasias, esquivando a negatividade, em todos os seus sentidos, semânticos e psicológicos. Para quebrar o feitiço extremista, é preciso parar de correr atrás das histórias e dos afetos do outro. É preciso buscar e praticar outras maravilhas, alegrar-se. Há de se reconquistar o humor. Há de se lutar pelo prazer e com prazer. Há de se pleitear o encanto, sempre, e em todo lugar, físico ou virtual.

É preciso encantar-se novamente e de outras maneiras. Como resume a antropóloga italiana Stefania Consigliere (2020, p. 156) em *Favole del reincanto* [Fábulas do reencantamento], "a maravilha, a alegria coletiva e a festa [...] nos liberam do *stasis* [imobilidade], nos abrem para a multiplicidade, criam novas conexões e novos sentidos. Nos transformam. [...] A nossa necessidade de encantamento, magia e lugares outros caminha junto às lutas por outros mundos possíveis e reais".[77]

———

— Agora entendi o que você quis dizer quando falou que fomos insensíveis, quer dizer, que o discurso com o qual procuramos enfrentar a extrema direita foi insensível.

— Ficou mais claro?

— Isso não sou eu que vou dizer.

— Justo.

— Aliás, quem foi que disse que da crise de 2008 para cá as políticas de governo das esquerdas que chegaram ao poder foram todas excessivamente realistas?

— Pois é, tem isso também.

— Não lembro.

— Bastante gente, acho. Vou ter que abrir outra nota de rodapé, citar pelo menos um.[78]

— Pode colocar notas de rodapé à vontade. Mas, de fato, isso é outro ponto central, que tem tudo a ver com o que estávamos dizendo.

— Sim.

— E parece que há uma demanda por isso que você coloca.

— Por uma política do encanto?

— Sim. Ou por um encanto que tenha projeção política.

— Soa melhor assim.

— Olha a vitória de Elly Schlein nas eleições primárias do Partido Democrático italiano, em fevereiro de 2023.

---

77 É o que promove também Chantal Mouffe (2020). Para uma abordagem filosófica sobre o tema, remeto a Safatle (2015).
78 Ver Nunes (2022), entre outros.

— Mulher, feminista, ambientalista, bissexual, ativista dos direitos LGBTQIA+...

— Agora no comando daquele "partido racionalista" que tentou enfrentar a extrema direita com a "força da razão".[79]

— Até o meu pai votou nela.

— O teu pai matemático, defensor extremo da *realpolitik*, do pragmatismo a qualquer custo, do menos pior sempre e para sempre?

— Ele mesmo.

— Enfim, existe um desejo de sonhar grande, de imaginar um mundo além deste mundo, ao qual não estamos conseguindo dar voz, forma, corpo, vazão.

— Sim. E quem está fazendo isso, quem hoje oferece magia e imaginação e projeta um futuro radicalmente outro são os Milei, os Trump, os Bolsonaro, as Meloni.

— Pensando aqui no sonho da "tarifa zero" no transporte público, aquela coisa que lá em junho de 2013 parecia impossível, um despropósito, uma afronta. E afinal quem fez foi a cidade de Vargem Grande Paulista, governada por um prefeito que apoiou Bolsonaro. E sim, eu sei, também há casos de administrações de esquerda ou centro-esquerda que já haviam feito, mas, entendeu, né?[80]

— Então... Acho que já falei do Biden antes. Um bom exemplo de como uma atitude explícita e demasiadamente pragmática não está funcionando. A ver o que acontece nas eleições lá... Isso para não falar desse novo governo Lula, também muito problemático nesse aspecto.

— E olha também o voto em Milei no pleito argentino de 2023. De fato, me parece reducionista rotulá-lo como um voto de protesto, como já ouvi dizer por aí. Parece ter sido mais um

---

79 "Giorgia e i due meloni", *Doppiozero*, 27 set. 2022.
80 Sobre o tema da tarifa zero, ver "Tarifa zero. Uma passagem para o futuro", *Revista Rosa*, n. 3, v. 5, 2022.

voto de esperança. Muitos jovens envolvidos, diretamente engajados na campanha, festa, entusiasmo.[81]

— Jovens, sim, mas todos homens, brancos, héteros. Vamos botar os pingos nos is.

— Verdade. E nesse sentido Milei foi uma resposta ao avanço dos feminismos no país. Mas é inegável que ele soube incorporar a frustração social, o sentimento de incerteza sobre o futuro, a vontade genuína de algo realmente novo.[82]

— Toda essa força indo para o lugar errado...

— Pois é, mas para recolocá-las nos trilhos que queremos precisamos mudar de visões e paixões. Não dá mais para perseverar na indignação. Precisamos é de magia, entusiasmo, como você apontou agora em relação a Milei. Tinha escrito outro trecho do ensaio sobre isso, sobre as diferenças entre entusiasmo e indignação. Posso te mostrar?

———

É possível quebrar o feitiço extremista, mas para isso não precisamos de mais indignação; precisamos de mais entusiasmo. Diferentemente da indignação, o entusiasmo é uma paixão que descreve não apenas um estado de ânimo, mas uma disposição à ação. O entusiasmo, como se diz em semiótica, é uma "paixão do fazer". O entusiasmo é aquela paixão "que nos leva a agir entregando-nos totalmente, a nos empenhar com todas as nossas energias em um determinado projeto" (Lancioni, 2009, p. 162).

———

81 "Decifrando Milei e a extrema direita argentina", *Veja*, 20 out. 2023.
82 "Uma análise feminista da ascensão da direita argentina", *Blog da Elefante*, 18 ago. 2023.

— Me lembrou uma coisa que escreveu Gramsci em 1919, pouco antes de Mussolini e o fascismo chegarem ao poder na Itália: "Instruí-vos, pois precisaremos de toda a vossa inteligência. Agitai-vos, pois precisaremos de todo o vosso entusiasmo".

— Pronto, agora sim que vão falar que sou um marxista cultural.

— Pode sempre dizer que fui eu que falei, um personagem fictício.

—

Nota para mim

Muitas autoras e autores, além daquelas e daqueles que já mencionei neste livro, apontam para a urgência desse movimento. Contra as perversões do capitalismo é preciso "reencantar o mundo", afirma Silvia Federici (2022), em quem o título deste capítulo é claramente inspirado. Temos que construir novos vínculos comunitários, voltar a perceber e celebrar com todos os sentidos a beleza do comum, da experiência de estar juntos, alma, carne e osso. Contra a economia de mercado neoliberal e suas sobreposições com o autoritarismo das políticas de extrema direita, é preciso fazer do sensível uma força capaz de influenciar o intelecto, diz Diego Sztulwark (2023, p. 35): "Se pensar de outra maneira requer sentir de outra maneira, a batalha das ideias deveria ser precedida, ou pelo menos acompanhada, por uma *ofensiva sensível*". Ah, e não se esqueça de Isabelle Stengers (2015), cuja ideia de resistência é indissociável daquela de feitiçaria, da necessidade de criar um vínculo entre magia, sensibilidade, ação e transformação política. Talvez já a tenha citado. Mesmo assim, vale relembrar.

Mas como fazer isso do ponto de vista prático? Que discurso construir para ter êxito nessa jornada? Quais lemas, histórias, estruturas narrativas, imagens, sons, matérias, práticas, performances? A semiótica pode ajudar nessa tarefa. Como qualquer objeto material e imaterial deste mundo, também o sensível necessita, para se manifestar, de uma linguagem. Os caminhos que tracei nos capítulos anteriores buscavam, entre outras coisas, responder a essas perguntas. Mas é apenas um esboço. Muito ainda precisa ser pensado, percebido, feito, vivido.

———

— É isso?
— Por enquanto...

———

A realidade pode ser outra. Mas a realidade só será outra se outros forem os afetos e as imaginações dominantes. A luta pelo real e pelo maravilhoso é a mesma. Para uma nova realidade, precisamos de novas fantasias. (*Isso pode ser um final?*)

———

— Vamos fechar?
— Vamos.

referências

ALBUQUERQUE, Afonso de. "Populismo, elitismo e democracia: reflexões a partir da operação Lava Jato", *Mediápolis*, v. 12, p. 17-30, 2021.

ARISTÓTELES. *Metafísica*. Edição trilíngue em grego, latim e espanhol de Valentim Garcia Yebra. Madri: Gredos, 1998.

ASPREM, Egil & DYRENDAL, Asbjørn. "Conspirituality Reconsidered: How Surprising and How New is the Confluence of Spirituality and Conspiracy Theory?", *Journal of Contemporary Religion*, v. 30, n. 3, p. 367-82, 2015.

BALLOUSSIER, Ana Virginia. *O púlpito: fé, poder e o Brasil dos evavangélicos*. São Paulo: Todavia, 2024.

BARRENECHE, Sebastián Moreno. *The Social Semiotics of Populism*. New York: Bloomsbury, 2023.

BARROS, Diana Luz Pessoa de. "Algumas reflexões sobre o papel dos estudos linguísticos e discursivos no ensino-aprendizagem na escola", *Estudos Semióticos*, v. 15, n. 2, p. 1-14, 2019.

BATISTA, Frederico *et al*. "Fake News, Fact Checking, and Partisanship: The Resilience of Rumors in the 2018 Brazilian Election", *Journalism and Mass Communication Quarterly*, v. 99, n. 2, p. 515-33, 2022.

BERGMANN, Eirkur & BUTTER, Michael. "Conspiracy Theory and Populism". *In*: BUTTER, Michael & KNIGHT, Peter (org.). *Routledge Handbook of Conspiracy Theory*. Abingdon: Routledge, 2020.

BOAL, Augusto. *Teatro Legislativo*. São Paulo: Editora 34, 2020.

BUTLER, Judith. *Corpos em aliança e a política das ruas: notas para uma teoria performativa da assembleia*. Rio de Janeiro: Civilização Brasileira, 2018.

BUTTER, Michael. *The Nature of Conspiracy Theories*. Cambridge: Polity Press, 2020.

CASARÕES, Guilherme & FARIAS, Deborah B. L. "Brazilian Foreign Policy under Jair Bolsonaro: Far-Right Populism and the Rejection of the Liberal International Order", *Cambridge Review of International Affairs*, v. 34, n. 1, p. 1-21, 2021.

CEPEDA, Vera Alves. "A nova direita no Brasil. Contexto e matrizes conceituais", *Mediações*, v. 23, n. 2, p. 75-122, 2018.

CESARINO, Letícia. *O mundo do avesso: verdade e política na era digital*. São Paulo: Ubu, 2022a.

CESARINO, Letícia. *"Conspiritualidade". In*: SZWAKO, José & RATTON, José Luiz (org.). *Dicionário dos negacionismos no Brasil*. Recife: Cepe Editorial, 2022b.

CONSIGLIERE, Stefania. *Favole del reincanto. Molteplicità, immaginario, rivoluzione*. Roma: DeriveApprodi, 2020.

DEMURU, Paolo. "Conspiracy Theories, Messianic Populism and Everyday Social Media Use in Contemporary Brasil", *Glocalism: Journal of Culture, Politics and Innovation*, v. 3, p. 1-42, 2020.

DEMURU, Paolo. "Gastropopulism: A Sociosemiotic Analysis of Politicians Posing as 'The Everyday Man' via Food Posts on Social Media", *Social Semiotics*, v. 31, n. 3, p. 507-27, 2021.

DEMURU, Paolo. "Simboli nazionali, regimi di interazione e populismo mediatico: prospettive sociosemiotiche", *Estudos Semióticos*, v. 15, n. 1, p. 48-63, 2018.

DI CESARE, Donatella. *Il complotto al potere*. Torino: Einaudi, 2021.

DOS SANTOS, João Guilherme & CHAGAS, Viktor. "Direita transante: enquadramentos pessoais e agenda ultraliberal do MBL", *Matrizes*, v. 12, n. 3, p. 189-214, 2018.

ECKER, Ullrich K. H. *et al*. "The Psychological Drivers of Misinformation Belief and its Resistance to Correction", *Nature Reviews Psychology*, v. 1, p. 13-29, 2022.

ECO, Umberto. *A vertigem das listas*. São Paulo: Record, 2010.

ECO, Umberto. *Interpretação e superinterpretação*. São Paulo: Martins Fontes, 2012.

ECO, Umberto. *Os limites da interpretação*. São Paulo: Perspectiva, 2015.

ECO, Umberto. *Tratado geral de semiótica*. São Paulo: Perspectiva, 1980.

FECHINE, Yvana. "Passions et présence dans le populisme numérique brésilien", *Actes Sémiotiques*, v. 1, 2020.

FEDERICI, Silvia. *Reencantando o mundo: feminismo e a política dos comuns*. São Paulo: Elefante, 2022.

FESTINGER, Leon. *A Theory of Cognitive Dissonance*. Stanford: Stanford University Press, 1957.

FIORIN, José Luiz. *Argumentação*. São Paulo: Contexto, 2015.

FISHER, Max. *A máquina do caos: como as redes sociais reprogramaram nossa mente e nosso mundo*. São Paulo: Todavia, 2023.

GAGO, Verónica. *A potência feminista, ou o desejo de transformar tudo*. São Paulo: Elefante, 2020.

GAGO, Verónica & GIORGI, Gabriel. "Notas sobre las formas expressivas de las nuevas derechas: las subjetividades de la mayoría en disputa", *Anuario de la Escuela de Historia Virtual*, ano 13, n. 21, 2022, p. 61-74.

GHERMAN, Michel. *O não judeu judeu: a tentativa de colonização do judaísmo pelo bolsonarismo*. São Paulo: Fósforo, 2022.

GONZÁLEZ, Juan Luis. *El loco: la vida desconocida de Javeir Milei y su irrupción en la política argentina*. Buenos Aires: Planeta, 2023.

GRAMSCI, Antonio. *L'ordine Nuovo*, n. 1, 1º mai. 1919.

GREIMAS, Algirdas Julien. *Sobre o sentido*, v. 2, *Ensaios semióticos*. São Paulo: Edusp / Nanquim, 2014.

GRIZZLE, Alton *et al*. *Media and Information Literate Citizens: Think Critically, Click Wisely!*. Paris: Unesco, 2021.

HAIDT, Jonathan. *A geração ansiosa: como a infância hiperconectada está causando uma epidemia de transtornos mentais*. São Paulo: Companhia das Letras, 2024.

IUAMA, Tadeu. "Priori Incantatem: uma discussão sobre a colonização no Larp blockbuster", *InTexto*, v. 49, 2020, p. 209-304.

JESI, Furio. *Cultura di destra*. Milão: Garzanti, 1979.

KANT, Immanuel. *Crítica do juízo*. Trad. Valério Rohden e António Marques. Rio de Janeiro: Forense Universitária, 1993.

KHALIL, Isabela. *Quem são e no que acreditam os eleitores de Bolsonaro*. São Paulo: Fundação Escola de Sociologia e Política, 2018.

KLEIN, Naomi. *Doppelganger: A Trip into the Mirror World*. Chicago-Turabian: Farrar, Straus & Giroux, 2023.

LACLAU, Ernesto. *On Populist Reason*. Londres: Verso, 2005.

LANCIONI, Tarcisio. "Dar corpo alla passione: figure dell'entusiasmo in *Henry V* di William Shakespeare". *In*: LANCIONI, Tarcisio. *Immagini narrate. Semiotica figurativa e testo letterario*. Milão: Mondadori, 2009.

LANDOWSKI, Eric. *As interações arriscadas*. São Paulo: Estação das Letras e Cores, 2014.

LANDOWSKI, Eric. "Crítica semiótica do populismo", *Galáxia*, v. 44, p. 16-28, 2020.

LANDOWSKI, Eric. "Populisme et esthésie", *Actes Sémiotiques*, v. 121, 2018.

LEONE, Massimo. "Il linguaggio del trolling. Ingredienti semiotici, cause socio-culturali ed effetti pragmatici", *Rivista italiana di Filosofia del Linguaggio*, 2020.

LOVE, Nancy. "Back to the Future: Trendy Fascism, the Trump Effect, and the Alt--Right", *New Political Science*, v. 39, n. 2, p. 263-8, 2017.

LYNCH, Christian & CASSIMIRO, Paulo Henirque. *O populismo reacionário: ascensão e legado do bolsonarismo*. São Paulo: Contracorrente, 2022.

MCINTYRE, Lee. *How to Talk to a Science Denier: Conversations with Flat Earthers, Climate Deniers, and Others Who Defy Reason*. Cambridge: The MIT Press, 2021.

MERLEAU-PONTY, Maurice. *Fenomenologia da percepção*. São Paulo: Martins Fontes, 1999.

MIGUEL, Luis Felipe. "Despolitização e antipolítica: a extrema direita na crise da democracia", *Argum*, v. 13, n. 2, p. 8-20, maio-ago. 2021.

MONTELL, Amanda. *Cultish: The Language of Fanaticism*. Nova York: Harper Wave, 2021.

MORAES, Fabiana. *A pauta é uma arma de combate: subjetividade, prática reflexiva e posicionamento para superar um jornalismo que desumaniza*. Porto Alegre: Arquipélago, 2022.

MOUFFE, Chantal. *Por um populismo de esquerda*. São Paulo: Autonomia Literária, 2020.

MUDDE, Cas. *The Far Right Today*. Cambridge: Polity, 2019.

NEMER, David. *Tecnologia do oprimido: desigualdade e o mundano digital nas favelas do Brasil*. Vitória: Milfontes, 2022.

NUNES, Rodrigo. *Do transe à vertigem: ensaios sobre bolsonarismo e um mundo em transição*. São Paulo: Ubu, 2022.

NYHAN, Brendan & REIFLER, Jason. "When Corrections Fail: The Persistence of Political Misperceptions", *Political Behavior*, 2010.

OLIVEIRA, Ana Claudia & TEIXEIRA Lúcia (org.). *Linguagens na comunicação: desenvolvimentos de semiótica sincrética*. São Paulo: Estação das Letras e Cores, 2009.

PAOLUCCI, Claudio. *Umberto Eco. Tra ordine e avventura*. Milão: Feltrinelli, 2017.

PARMIGIANI, Giovanna. "Magic and Politics: Conspirituality and covid-19", *Journal of the American Academy of Religion*, v. 89, n. 2, p. 506-29, 2021.

PINHARE, Philippe & STENGERS, Isabelle. *La sorcellerie capitaliste: pratiques de désenvoûtement*. Paris: La Decouvért, 2005

PINHEIRO-MACHADO, Rosana & FREIXO, Adriano de (org.). *Brasil em transe: bolsonarismo, nova direita e desdemocratização*. Rio de Janeiro: Oficina Raquel, 2019.

RECUERO, Raquel *et al.* "Bolsonaro and the Far-Right: How Disinformation about COVID-19 Circulates on Facebook in Brazil", *International Journal of Communication*, n. 16, p. 148-71, 2022.

ROCHA, João Cezar de Castro. *Bolsonarismo: da guerra cultural ao terrorismo doméstico. Retórica do ódio e dissonância cognitiva coletiva*. Belo Horizonte: Autêntica, 2023.

ROXO, Marco Antonio & SANTOS, Karina. "O populismo e suas tecnologias". *In:* FREITAS, Cristiane; JORON, Philippe & MACHADO DA SILVA, Juremir (org.). *Laço social e tecnologia em tempos extremos*. Porto Alegre: Sulina, 2020.

SAFATLE, Vladimir. *O circuito dos afetos: corpos políticos, desamparo e o fim do indivíduo*. São Paulo: Cosac Naify, 2015.

SCHMID, Phillip & BETSCH, Cornelia. "Effective Strategies for Rebutting Science Denialism in Public Discussions", *Nature Human Behaviour*, v. 3, p. 931-939, 24 jun. 2019.

SEDDA, Franciscu & DEMURU, Paolo. "Da cosa si riconosce il populismo", *Actes sémiotiques*, v. 121, 2018.

SEDDA, Franciscu & DEMURU, Paolo. "La rivoluzione del linguaggio social-ista: umori, rumori, sparate e provocazioni", *Rivista italiana di filosofia del linguaggio*, v. 13, n. 2, 2019.

SILVEIRA, Sergio Amadeu. *Democracy and Invisible Codes: How Algorithms Are Modulating Behaviours and Political Choices*. São Paulo: Edições Sesc, 2019.

SOLANO, Esther & ROCHA, Camila (org.). *As direitas nas redes e nas ruas: a crise política no Brasil*. São Paulo: Expressão Popular, 2019.

SOLANO, Esther (org.). *O ódio como política: a reinvenção das direitas no Brasil*. São Paulo: Boitempo, 2018.

SOROUSH, Vosoughi; ROY, Deb & ARAL, Sinan. "The Spread of True and False News Online", *Science*, v. 359, n. 6.380, p. 1.146-51, 2022.

SPYER, Juliano. *Povo de Deus: quem são os evangélicos e por que eles importam*. São Paulo: Geração Editorial, 2020.

STENGERS, Isabelle. *No tempo das catástrofes: resistir à barbárie que se aproxima*. São Paulo: Cosac Naify, 2015.

SZTULWARK, Diego. *A ofensiva sensível: neoliberalismo, populismo e o reverso da política*. São Paulo: Elefante, 2023.

TEITELBAUM, Benjamin. *War for Eternity: Inside Bannon's Far-Right Circle of Global Power Brokers*. Nova York: Harper Collins, 2020.

WARD, Charlotte & VOAS, David. "The Emergence of Conspirituality", *Journal of Contemporary Religion*, n. 26, p. 103-21, 2011.

WU MING 1. *LaQ di Qomplotto. Qanon e dintorni. Come le fantasie di complotto difendono il sistema*. Roma: Alegre, 2021.

Acervo pessoal

paolo demuru (Sassari, Sardenha, 1981) é doutor em semiótica pela Universidade de Bologna, Itália, e em semiótica e linguística geral pela Universidade de São Paulo. É docente permanente do Programa de Pós-Graduação em Letras da Universidade Presbiteriana Mackenzie e pesquisador do Centro de Pesquisas Sociossemióticas da Pontifícia Universidade Católica de São Paulo. É vice-presidente da Associação Brasileira de Semiótica e foi coordenador do Grupo de Trabalho Práticas Interacionais, Linguagens e Produção de Sentido na Comunicação da Associação Nacional dos Programas de Pós-Graduação em Comunicação (2021-2023). Autor do livro *Essere in gioco: calcio e cultura tra Brasile e Italia* (Bononia University Press, 2014) e de diversos artigos científicos publicados em revistas internacionais. Pesquisa atualmente, em parceria com estudiosos europeus e latino-americanos, sobre a linguagem e as práticas discursivas do populismo digital do século XXI, as teorias de conspiração e outras estratégias de desinformação.

[cc] Elefante, 2024

Esta obra pode ser livremente compartilhada, copiada, distribuída e transmitida, desde que as autorias sejam citadas e não se faça uso comercial ou institucional não autorizado de seu conteúdo.

Primeira edição, julho de 2024
São Paulo, Brasil

Dados Internacionais de Catalogação na Publicação (CIP)
Angélica Ilacqua CRB-8/7057

Demuru, Paolo
Políticas do encanto: extrema direita e fantasias de
    conspiração / Paolo Demuru — São Paulo: Elefante, 2024.
    144 p.

ISBN 978-65-6008-045-4

1. Ciência política 2. Direta e esquerda (Ciência política)
I. Título

24-2145   CDD 320

Índices para catálogo sistemático:
1. Ciência política

---

elefante

editoraelefante.com.br
contato@editoraelefante.com.br
fb.com/editoraelefante
@editoraelefante

Aline Tieme [comercial]
Samanta Marinho [financeiro]
Sidney Schunck [design]
Teresa Cristina Silva [redes]

fontes Barlow, Plastique & Signifier
papéis Cartão 250 g/m² & Lux Cream 60 g/m²
impressão BMF Gráfica